LA BATAILLE DES RETRAITES

CÉCILE AMAR

LA BATAILLE DES RETRAITES

Robert Laffont

ISBN : 978-2-221-27316-6
Dépôt légal : juin 2023
Éditions Robert Laffont – 92, avenue de France 75013 Paris

À Maman, qui aurait adoré ce mouvement

Prologue

C'est la dernière fois qu'il s'inflige cette épreuve, la dernière fois qu'il est obligé de l'écouter, contraint de prêter attention à ces mots vides de sens, à ces appels à l'apaisement qui feront plouf. Bientôt Laurent Berger retrouvera sa liberté, loin de la lessiveuse du débat public. Bientôt, il n'aura plus à commenter les paroles d'Emmanuel Macron, à vivre si près du Président. Dans quelques semaines, il sera délivré de tout ce cirque. Vivement la quille !

Faire semblant une ultime fois. Finalement, ce n'est pas grand-chose. Ce lundi 17 avril, à 19 h 50, le syndicaliste sort de son bureau et rejoint la salle où l'attendent quelques collaborateurs. La télé est allumée, le journal télévisé a commencé. Laurent Berger ne cache pas sa lassitude. Il n'attend rien de ce président qui s'arc-boute sur sa réforme des retraites. Des millions de Français sont descendus dans la rue depuis des mois. Mais lui n'en a cure. Le leader de la CFDT a eu la Première ministre au téléphone ce week-end ; avec elle, « c'est plus sain ». Il a compris que le pouvoir « n'a rien dans sa bannette », rien de bon à annoncer. Alors à quoi rime ce cinéma ? Son seul espoir, c'est que le Président ne jubile pas trop, pour ne pas mettre le feu au pays. S'il avait pu, il serait directement allé à son dîner. Mais il est responsable. Il se plie au rituel. Écouter. Réagir. Puis enfin passer à autre chose. Il pianote sur son téléphone. Accepte une dernière fois de commenter. Ce qu'il attend ? « Qu'il abroge la loi », dégaine-t-il en souriant. Il sait que ce ne sera pas le cas, il s'est résigné : « Non, sérieusement, ça fait partie du boulot d'écouter le Président. » Du boulot. Des contraintes. Pas de l'intérêt. Du plaisir. « L'attente est qu'il s'adresse enfin aux travailleurs et aux travailleuses qui se mobilisent depuis janvier. » Il pressent qu'il ne le fera pas. Lucide : « Si vous me demandez si je l'espère… pas beaucoup. »

Il voudrait que l'allocution soit finie, avant même qu'elle n'ait commencé. « C'est à quelle heure ? Si on pouvait passer à autre chose », dit-il en comprenant qu'Anne-Sophie Lapix meuble en attendant 20 heures. Image de l'Élysée. La voix d'Emmanuel Macron résonne. Laurent Berger écoute, prend des notes sur ses carnets moleskine qu'il remplit sans cesse. « Sa porte est grande ouverte ? Ça fait trois mois qu'elle est fermée, qu'on la prend dans la gueule, il se fout de nous. » Il envoie des textos, répond à des messages. À peine deux minutes sur les retraites, sans un mot pour ces hommes et ces femmes qui vont devoir travailler plus. La promesse d'un pacte de vie au travail et des phrases creuses sur l'éducation, les services publics. Quelques mots sur le RSA. « C'est de la pure com', sans fond. Ça m'énerve », soupire le syndicaliste. La promesse de « cent jours » d'apaisement et un bilan au 14 juillet. « Le 14 juillet ? » Berger fait signe que ce ne sera plus son affaire. Il ne sait pas si les nouveaux cent jours d'Emmanuel Macron finiront à Waterloo. Mais il sait que ce sera sans lui. Le 14 juillet, il sera loin. En vacances. Le début d'une autre vie. Celle qu'il va se construire. Loin de ce pouvoir qui l'a méprisé. Il faut encore se prêter au jeu, continuer la bataille des retraites, préparer le 1er mai. Laurent Berger n'a pas besoin de lire ses notes. Pas besoin de discuter avec ses équipes. Les mots pour dire le mal qu'il pense de cette allocution présidentielle viennent tout seuls. « Il n'y a rien. C'est presque sidérant de vide. Une forme d'absence de réponses à la colère qui s'est exprimée depuis trois mois. » Il en a marre, ça se sent. « C'est beaucoup de mots, mais on a été habitué à ce qu'ils ne soient pas suivis d'effet. » Un « tout ça pour ça » sort de sa bouche. « Au mieux, ça va susciter de l'indifférence ; au pire, ça peut être pris comme une forme de provocation. C'est le monde du travail qui s'est exprimé dans sa profondeur et qui a l'impression que le Président veut clore une séquence, comme ils disent, sans rien dedans, sans perspectives. Vide. » Les éléments de langage du pouvoir l'exaspèrent. Cette idée qu'il faut tourner la page, passer à une autre séquence, le hérisse. Il prend l'ascenseur. Lâche un « oh punaise », parce qu'il est poli. Fait un duplex pour BFM. Lance un sonore « au revoir les jeunes » en se marrant. Il part enfin dîner. Au loin, les casseroles s'en donnent à cœur joie. Pour la première fois.

Quelques heures plus tôt, il se confiait dans son bureau. Son envie d'ailleurs sautait aux yeux. Les macronistes lui étaient encore tombés dessus la veille. Dans une interview au *Parisien*, il avait appelé à « casser la baraque » le 1er mai. Laurent Berger parle comme ça. Il est cash. Aime les images, les expressions familières qu'on utilise tous. Il déteste la violence, la condamne sans cesse. Que dans les allées du pouvoir, on lui fasse ce procès d'être devenu violent, d'appeler à la violence, l'a sidéré. « Ils sont dingos, en fait », soupire-t-il. On parlait de ses relations avec le pouvoir, le Président. De ces macronistes qui en privé lui disent depuis des semaines : « C'est vrai, il déconne », mais sont muets face au Président et tapent parfois sur Berger en public. D'Élisabeth Borne qui avait appelé à « l'apaisement » avec les syndicats, qu'il ne fallait pas humilier, puis s'en est pris à lui après avoir été désavouée par Emmanuel Macron. Bref, on discutait de cette comédie humaine du pouvoir. « Ce n'est pas à moi qu'il en veut. Peut-être un peu, mais ce n'est pas la question. Je ne veux pas personnaliser. Mais, moi, il ne peut pas me recadrer, me dire de me taire. »

Qu'a-t-il manqué pour que la bataille des retraites soit victorieuse ? La réponse du secrétaire général de la CFDT fuse : « On a failli gagner. » L'amateur de sport développe : « Dans un match, on ne fait du temps additionnel que lorsqu'on a fini le temps normal, vous voyez ce que je veux dire. S'il y avait eu un vote, on gagnait. On a gagné l'opinion, la conviction, la force de la mobilisation, la dignité aussi, celle du monde du travail. On a perdu sur un fait de jeu. Le fait de jeu s'appelle le 49.3. On aurait dû gagner. Le fait de jeu final laisse un goût amer à tout le monde. C'est à la légale, mais pas à la loyale. » Il assène : « La loyauté et le mépris. L'une est absente. L'autre est ultra-présent. C'est ça, la réalité avec le président de la République. » Sa conviction est faite depuis longtemps. Le long conflit des retraites l'a renforcée. « Cet homme a un problème avec les corps intermédiaires. Il n'aime pas qu'on lui résiste. » Berger lui a beaucoup résisté.

Sa lucidité sur Emmanuel Macron ne l'a jamais empêché d'essayer de trouver des compromis, des voies de sortie lors des crises. Essayer. Toujours essayer. Même quand il se prend un mur. C'est sa nature. Sa fonction de syndicaliste. Sa conviction profonde. « Je vois le pays se péter la gueule démocratiquement depuis cinq ou six ans, je ne peux m'y résoudre », avoue celui qui va bientôt quitter le devant de la scène. Les médias, les politiques et même parfois la « réunionite » de la CFDT ne lui manqueront pas. Onze ans à la tête d'une organisation syndicale, devenue sous ses mandats la première, ça use. Mais l'étincelle initiale est toujours là. « Ce qui n'a pas bougé chez moi, c'est le militantisme. Tout le reste me fatigue. Ce qui n'aura pas vacillé une seule fois, c'est cette soif d'être au service des travailleurs et des travailleuses les plus fragiles. Donc, quand c'est le bordel, j'agis. » Que le « bordel » soit dans une entreprise, une ville ou un pays ne change rien. Un syndicaliste agit, essaie de trouver une issue au conflit. C'est son rôle. Sa raison d'être. Depuis des mois, le leader de la CFDT, figure centrale de l'intersyndicale, affronte le chef de l'État. « Pour moi, c'est un patron, en face. Donc, j'essaie de résoudre le conflit. » Un patron singulier. « C'est un patron de PME, de grosse boîte, qui se veut tout-puissant, qui emmène tout le monde dans le mur, qui n'écoute aucune alerte. » Un patron qui ne lui manquera pas. Un président dont il sera heureux de s'éloigner.

LES ANNÉES HOLLANDE

1

Première rencontre

Tout commence à République. À « Répu », comme disent les manifestants et les syndicalistes. Dans un café. Ou plus exactement au 10. Le bar de l'hôtel Crown Plaza. On est en hiver. La fin de l'année 2011, le début de 2012. Les souvenirs sont flous. C'est la campagne présidentielle. Nicolas Sarkozy cherche à se faire réélire. François Hollande est en marche vers l'Élysée. Le socialiste sait déjà qu'il commencera son mandat par une grande conférence sociale. Il s'appuiera sur les syndicats en général et sur la CFDT, celui dont il est le plus proche, en particulier. Pour la gauche, les syndicats, c'est un peu la famille. Et puis la réforme des retraites a laissé un goût amer. Car cette fois-ci, contrairement à 1995, la mobilisation sociale a perdu. Avec Nicolas Sarkozy, la retraite à soixante ans de François Mitterrand est morte. Les Français vont devoir travailler deux ans de plus. Les opposants d'hier s'en souviendront le jour du vote.

Dans les équipes de François Hollande, celles qui se réunissent au QG, avenue de Ségur, ou dans des appartements privés, un jeune homme commence à sortir de l'ombre. Il n'a pas de titre officiel, n'est pas formellement en charge de l'économie – c'est la prérogative de l'ami de toujours du candidat et ancien ministre, Michel Sapin – mais Emmanuel Macron voit des gens, pond des notes, donne des conseils, essaie d'orienter la campagne, tisse sa toile. Banquier d'affaires, ancien inspecteur des finances, le jeune conseiller de trente-quatre ans se veut déjà l'ami des patrons, le garant de la *doxa* économique contre les envolées de campagne et autres promesses d'une taxe à 75 % sur les très riches. Il cherche déjà la lumière. Veut combler ses lacunes. Il sait qu'il ne connaît pas les syndicats, n'a jamais vraiment creusé la question du travail. Alors, de lui-même, sans passer par le candidat, Emmanuel Macron sollicite la CFDT. Il aimerait rencontrer un dirigeant, parler discrètement.

Le secrétaire général du syndicat réformiste, François Chérèque, est informé de cette démarche. Il ne se déplace pas lui-même. Mais demande à son responsable des questions d'emploi et d'insertion, le négociateur de la CFDT sur l'assurance chômage : « Il faut que tu ailles rencontrer un gars qui fait la campagne de Hollande. » Laurent Berger y va. C'est une demande de « François », son ami, celui qui l'a convaincu de monter à Paris, de s'occuper de la confédération, celui qui va bientôt lui laisser sa place à la tête de la CFDT. Berger est curieux de nature, ouvert à toutes les rencontres. Il est toujours partant pour discuter.

Les relations entre Laurent Berger et Emmanuel Macron vont devenir tumultueuses, mais cette première rencontre ne le laisse pas présager. Le syndicaliste s'en souvient très bien. « Il voulait échanger sur les questions d'emploi. Je suivais ces questions à la CFDT. Je lui ai exposé nos positions sur l'assurance chômage, l'emploi, etc. »

Quand il sort du bar, Laurent Berger a plutôt une bonne impression d'Emmanuel Macron. « Le mec est très intelligent, il dégage ça. Il a de l'énergie. C'est un mec sympa, très sympa », se souvient-il. Voilà pour la forme. Sur le fond, l'impression est plus mitigée. « Il connaît les sujets, mais il a une forme de déconnexion. C'est ce que je crois à l'époque, c'est la gauche technocratique *versus* la gauche sociale. »

2

Premières confrontations

Pendant plusieurs mois, ils ne se voient plus. Leurs vies professionnelles sont très chargées. Berger gravit les échelons de la CFDT, jusqu'à en prendre la tête en novembre 2012. François Chérèque lui laisse la place de secrétaire général. Emmanuel Macron, lui, arrive à l'Élysée, dans les bagages de François Hollande. Secrétaire général adjoint, il inspire la politique économique de l'offre. Cherche déjà à sortir de ses prérogatives, à étoffer son carnet d'adresses, à briller dans tout Paris. Il reçoit, consulte, prend de la place. Berger et Macron se voient « quelques fois à l'Élysée parce qu'il suivait notamment les questions économiques. On s'est côtoyé là, on a confronté, échangé », se souvient le syndicaliste. Déjà, il se fait une idée de leurs différences idéologiques. « Des moments de désaccords, on en a dès qu'il est à l'Élysée. Il est beaucoup sur la baisse du coût du travail, et nous, on essaie de défendre la qualité, le dialogue social… » Rapidement surgit entre eux « un moment de désaccord profond. Très vite, à cette époque, je comprends qu'il rêve d'une étatisation de l'assurance chômage, une nationalisation de l'Unedic, qu'il veut agir sur les règles pour qu'il y ait une forme d'incitation, pour le dire de façon polie, en fait, une forme de sanction des demandeurs d'emploi pour qu'ils retrouvent le plus rapidement possible du travail. C'est un premier point de désaccord très fort avec la CFDT ». Pour le syndicat réformiste, c'est l'indemnisation qui permet « de chercher sereinement un emploi », l'accompagnement des chômeurs, leur formation, qu'il faut privilégier.

Emmanuel Macron avance ses idées, mais ce n'est pas lui qui gouverne. Ce qui rassure la CFDT.

Le Président, au contraire, fait très attention à ce que pense le syndicat réformiste. Il organise des conférences sociales. Le Premier ministre, Jean-Marc Ayrault, est un fervent partisan du dialogue social. Et puis, le syndicaliste admet qu'avec le secrétaire général adjoint de l'Élysée, « il y a toujours eu du dialogue. Au moment du pacte de responsabilité, j'insiste beaucoup sur les contreparties qu'il faut demander aux patrons ».

Macron écoute mais ne décide pas. Dans son bureau élyséen, le jeune conseiller ronge son frein. Il ne cache pas qu'il trouve le chef de l'État trop mou, qu'il supporte de moins en moins le secrétaire général, Pierre-René Lemas, un grand préfet de gauche. Il rêve de prendre sa place… et de se faire connaître du grand public. Il savoure les premiers portraits que la presse fait de lui. Il n'est pas là pour rester dans l'ombre. Il étend son réseau. Ça lui servira toujours. François Hollande n'a pas oublié cette soirée de 2014. Seul dans son bureau, il travaille. Il a l'habitude de rester tard, il s'est fait à la solitude de ce palais qui isole. Il croit que tous ses collaborateurs sont rentrés chez eux. Mais un huissier le prévient : le secrétaire général de la CGT, Thierry Lepaon, est dans les murs. Le patron de la première organisation syndicale est là ? Sans qu'on le prévienne ? Sans que ce soit pour le voir lui ? Hollande appelle immédiatement Macron. « Le Paon est avec toi ? » Le jeune conseiller est obligé d'acquiescer. Le Président vient aussitôt saluer le patron de la CGT. Le dialogue social, c'est lui. Et c'est important pour lui. La situation politique est déjà assez compliquée pour le chef de l'État, pour qu'il ne se laisse pas marginaliser dans son Palais. La gauche est déçue, se rebelle, se détache peu à peu. Les élections municipales sont perdues pour le pouvoir. François Hollande change de Premier ministre et remanie l'Élysée. Il change le secrétaire général du Palais. Fait venir à ses côtés son ami le plus fidèle, Jean-Pierre Jouyet. Emmanuel Macron est déçu, il rêvait du poste. Il comprend qu'avec François Hollande, il n'ira pas plus loin. Il décide donc de s'en aller et de se lancer dans une vie loin de la politique. Il va créer une start-up. Partir aux États-Unis. La France est trop petite pour ses ambitions, trop ringarde aussi.

Mais, à la fin de l'été 2014, la fronde mine le gouvernement. Le ministre de l'Économie, Arnaud Montebourg, et celui de l'Éducation nationale, Benoît Hamon, critiquent ouvertement la politique menée par le Président. Une fois de trop. Ils sont virés. Le Président et le Premier ministre doivent trouver en quelques heures un nouveau ministre de l'Économie et de l'Industrie. Ce n'est pas leur premier choix, mais Hollande et Valls finissent par rappeler Macron. *Exit* la start-up. L'ancien conseiller entre au gouvernement. « Il voulait sincèrement partir, faire autre chose », se souvient Berger. Mais le pouvoir le rappelle. « Sans ça, le mec serait en train de faire des affaires partout », s'amuse le syndicaliste. Et quand on lui dit que ça aurait peut-être été bien pour Emmanuel Macron, puisque c'était ce qu'il voulait, il ajoute en se marrant : « Ce serait bien pour nous aussi peut-être. »

Revenons à ce 27 août 2014. À peine nommé, Macron donne à voir sa singularité idéologique. Dans une interview au *Point*, réalisée avant de devenir ministre, il critique les 35 heures. Tollé général à gauche et chez les syndicats. Le patron de Bercy reçoit très rapidement le secrétaire général de la CFDT. Et démine. « Il m'a dit qu'il ne toucherait pas aux 35 heures. » Le ministre n'y touchera pas. Le Président ne le veut pas. « Quand il est ministre, on le voit, on échange », se souvient le syndicaliste. À peine arrivé à Bercy, Macron développe ses propres idées. Et choque. Il pointe les ouvrières de l'abattoir de Gad

« qui sont, pour beaucoup, illettrées ». Les médias l'adorent. Ses sorties affolent la gauche sociale et politique. « Les jeunes Français doivent avoir envie de devenir milliardaires », rêve à haute voix le ministre de l'Économie d'un gouvernement officiellement socialiste. Pour laisser une trace, Macron concocte une « loi pour la croissance et l'activité » pour libéraliser des secteurs de l'économie. Une mesure crispe la majorité présidentielle et les syndicats : le travail du dimanche dans les commerces. À l'Assemblée, des députés socialistes, écologistes et communistes s'insurgent contre ce qu'ils perçoivent comme un modèle de société de toute consommation, une rupture avec l'histoire sociale du repos dominical, de la réduction du temps de travail. « On dit notre opposition au travail du dimanche », raconte Laurent Berger. Macron veut que sa loi soit votée, il cherche à récupérer des voix socialistes. Il est en train de dealer avec Benoît Hamon, une contrepartie nationale pour celles et ceux qui devront travailler le dimanche. La CFDT a une autre idée. « On a dit à Emmanuel Macron qu'il fallait négocier la contrepartie financière pour les salariés qui travailleraient le dimanche par des accords de branches ou d'entreprises. On savait qu'en négociant, on obtiendrait plus que ce que voulaient certains députés. Il était hors de question de se laisser avoir pour un deal politique foireux qui ne tenait pas compte de la réalité du terrain. » Le ministre et le syndicaliste tombent d'accord. « On a trouvé un deal avec

Macron. Les salariés ont gagné bien plus que ce qui était prévu pour avoir le soutien du groupe socialiste. » À l'Assemblée, malgré tous les numéros de charme du ministre, le compte n'y est pas. Le Président et le Premier ministre ne veulent prendre aucun risque. Ils dégainent donc le 49.3 pour faire adopter sans vote cette première loi Macron. Le ministre de l'Économie est meurtri. Pour lui, à qui tout semblait réussir, c'est un affront qu'il ne pardonnera jamais.

C'est dans ce contexte compliqué qu'il découvre devant les téléspectateurs un nouvel interlocuteur syndical. « Ma première rencontre avec Emmanuel Macron, je m'en souviens très bien. C'était à la télévision », raconte Philippe Martinez. On est le 12 mars 2015, le syndicaliste vient de prendre la tête de la CGT, il est l'invité du premier duel face au ministre de l'Économie sur le plateau de « Des paroles et des actes », l'émission politique de France 2. L'échange dure moins de vingt minutes. « Bonsoir, on va commencer à parler salaires [...]. J'ai bien entendu que vous espériez que beaucoup de jeunes deviennent milliardaires, nous, on est plus ambitieux, on aimerait que tout le monde puisse vivre dignement », dit d'emblée le leader de la CGT, qui plaide pour une augmentation du Smic et des salaires. « Bonjour d'abord », répond Macron. « C'est la première fois qu'on se voit », appuie Martinez. « Je crois qu'on se voit bientôt, en tête à tête », dit Macron. Martinez raconte qu'il avait essayé de le rencontrer quand il s'occupait de la métallurgie, en vain. « Je sais le rôle que la CGT mène au quotidien auprès des entreprises [...]. Il y a un travail qui se fait au quotidien », essaie de déminer Macron. « Il y a un ministre qui est sollicité souvent, qui ne répond pas toujours », rétorque le syndicaliste. Ce dont se souvient le syndicaliste, c'est la fin de l'échange, le travail dont il voulait parler et que le ministre ne connaissait pas bien. « Je me rappelle très bien, parce qu'il avait, toujours égal à lui-même, fait un long développement sur le besoin de réduire les dépenses publiques. C'est un grand classique chez lui. La veille, j'avais été dans un hôpital psychiatrique rencontrer des salariées qui devaient se dépêcher d'arriver au boulot puisque les dernières devaient faire la toilette des malades avec des chaussettes et les essuyer avec des draps. Il avait changé de couleur en me disant : “Non, non, c'est inadmissible, on ne peut pas faire ça.” Donc, je m'en souviens très très bien. »

Emmanuel Macron et les syndicats, le décor est planté. Le dialogue n'est pas fluide, les désaccords sont nombreux. L'histoire va durer. Et s'envenimer. À la fin de l'été 2015, François Rebsamen annonce qu'il quitte la rue de Grenelle. Il rentre à Dijon. Celui à qui il avait transmis la mairie vient de mourir. François Hollande doit donc trouver un nouveau ministre du Travail. Il demande à voir Laurent Berger.

« Je ne vais pas te dire qui je vais nommer, mais il y a une hypothèse où je regroupe le ministère de l'Économie et celui du Travail », avance le Président.

« Je suis totalement opposé à ce que le ministère du Travail se retrouve à Bercy. L'économie et le travail sont deux réalités différentes. Symboliquement, ce n'est pas possible que la rue de Grenelle fusionne avec Bercy », argumente le syndicaliste, qui assène : « Macron ne connaît rien au travail. »

« C'était prémonitoire », ajoute, en souriant, Laurent Berger quand il nous raconte aujourd'hui la scène. Il nous a devancés. « Prémonitoire », c'est évidemment le mot qui vient à l'esprit. « Ce n'est pas moi qui décide, j'ai juste donné mon avis », se dédouane le syndicaliste. Son avis a compté. François Hollande a renoncé à son idée. Il a nommé Myriam El Khomri rue de Grenelle. Berger et Macron n'en ont jamais reparlé. Mais Macron n'a jamais oublié que le syndicaliste l'a empêché de réaliser son rêve d'un super ministère. S'il y tenait tant, c'est parce qu'il savait qu'une loi Travail était en préparation, qu'elle serait la dernière loi importante du quinquennat. Il voulait y imprimer sa marque et prouver qu'il pouvait construire une majorité sur ses idées. Il n'en aura pas l'occasion.

La loi Travail présentée début 2016 par la nouvelle ministre enflamme la rue, des syndicats et la majorité. François Hollande sait que le sujet est sensible. S'il veut libéraliser le Code du travail, assouplir les conditions de licenciement, flexibiliser le temps de travail, il ne veut pas se mettre à dos tous les syndicats. Il fait très attention à la CFDT. Dans son esprit, une réforme n'est souhaitable que si elle a, au moins, l'assentiment d'une organisation réformiste, si possible la plus puissante. Emmanuel Macron cherche à peser sur cette loi Travail. Il veut en particulier remettre une disposition qui figurait dans sa loi, et que le Conseil constitutionnel a censurée : le plafonnement des indemnités prud'homales. Avant de présenter sa réforme, le Président réunit à l'Élysée son Premier ministre, ses ministres du Travail, de l'Économie et des Finances. Macron et Valls plaident pour le plafonnement des indemnités et une nouvelle définition du licenciement (pour le faciliter). Hollande prévient ses troupes : « Ce sont les deux lignes rouges de Laurent Berger. Il ne faut pas les mettre. »

« Tu cèdes toujours à la CFDT [...], ça suffit, ce n'est pas Laurent Berger qui décide », plaident à l'unisson Valls et Macron. « Dans ce pays, on ne peut pas réformer sans avoir l'accord de la CFDT », se plaint le ministre de l'Économie. « Personne ne nous oblige à avoir l'accord de la CFDT, répond le Président. Mais si on ne l'a pas, ce sera plus difficile. Faisons l'expérience. » L'expérience est faite. Laurent Berger dit publiquement son opposition à la mesure sur les indemnités et à celle sur le licenciement. La CFDT se joint aux premières manifestations contre la loi El Khomri.

Le Président convoque à nouveau les mêmes. « Je vous l'avais dit. Laurent Berger est loyal, il nous avait prévenus. On a fait l'expérience. Maintenant je vais l'appeler et voir s'il se détache du mouvement, si on retire les mesures. » Laurent Berger accepte. Hollande convoque le patron du Medef et lui annonce que le texte va changer. Les mesures sont enlevées. La CFDT a gagné sur ces points. « Laurent Berger est un partenaire fiable. Il faut être fiable avec lui. C'est le principe même du compromis social », témoigne l'ancien président. L'accord de la CFDT n'a pas empêché la colère des autres syndicats. Les manifestations sont tendues. La majorité se fissure. Bref, le quinquennat de François Hollande s'achève sur un fiasco social. Emmanuel Macron comprend que le Président ne pourra pas se représenter, que le PS est en train de mourir. Il rompt avec celui qui l'a fait conseiller et ministre. Il ne se sent plus lié par la loyauté. Hollande ne l'a pas nommé secrétaire général de l'Élysée, il lui a imposé le 49.3 sur sa loi ; il ne l'a pas nommé Premier ministre quand il a songé à remplacer Manuel Valls début 2016 ; il ne l'a même pas laissé présenter une deuxième loi. Alors, il va créer son mouvement, En Marche, et briguer l'Élysée. « S'il y avait eu une loi Macron 2, jamais il n'aurait été candidat », assure un des premiers compagnons de route de Macron. Avec des si…

LES ANNÉES MACRON

3

L'aveu

C'est une après-midi qu'ils n'ont jamais oubliée. Ce 16 mars 2017 au siège de la CFDT, en plein quartier de Belleville à Paris, les militants et les dirigeants sont l'objet de toutes les attentions. Après avoir demandé pendant tout l'automne à deux cent mille salariés, étudiants, demandeurs d'emploi ce qu'ils pensaient du travail grâce à un questionnaire en ligne (plus de vingt millions de réponses ont été analysées), le syndicat réformiste présente les conclusions de cette enquête inédite, « Parlons travail ». Et comme on est en pleine campagne présidentielle, la CFDT a choisi de soumettre à un « grand oral » quatre des principaux candidats à cette élection si particulière. Marine Le Pen n'a pas été invitée, la CFDT refuse de dialoguer avec l'extrême droite. L'ancien Premier ministre, François Fillon, est là, Benoît Hamon aussi. Jean-Luc Mélenchon a envoyé son porte-parole, Alexis

Corbière. Ils se succèdent à la tribune, parlent travail et relation avec les syndicats. Emmanuel Macron, lui, n'a pas pu venir. Il est à Berlin avec la chancelière Angela Merkel. Il a enregistré un entretien « dans les conditions du direct », la veille. Laurent Berger et ses militants regardent donc l'ancien ministre de l'Économie évoquer le travail, la pénibilité, le numérique. Une partie de cette interview de plus de vingt-cinq minutes retient particulièrement leur attention.

« Pour moi, le cœur de métier des syndicats, c'est vraiment la négociation au niveau de l'entreprise et de la branche, et beaucoup moins la gestion des grands risques nationaux », balance le candidat. Les mots résonnent dans toutes les têtes. « Les syndicats ont le même problème que les partis politiques en France, ils sont mal vus. Ils sont mal vus parce qu'on a mal fait vivre notre démocratie sociale depuis des décennies, je vous parle très franchement », se défend Macron, qui prévient la centrale réformiste : « L'intérêt général qui est défini par la loi, qui doit être porté quand on parle des grands risques, la maladie, les retraites, le chômage, la dépendance, la formation continue, l'intérêt général, c'est le législateur qui le porte et un président de la République, son gouvernement, parce qu'il est élu au suffrage universel. » L'intérêt général, c'est lui. Pas eux. Laurent Berger tique, c'est le contraire de ce qu'il pense, le contraire de l'histoire de la CFDT, un syndicat qui a toujours eu un projet de société, a toujours participé à l'histoire sociale et sociétale française. Emmanuel Macron continue : « Quand on demande aux syndicats de le porter, on les décale parce que c'est pas leur rôle, c'est pas leur fonction, c'est pas leur mission. Quelque part, le fonctionnement pervers qu'on a installé, c'est qu'on a demandé aux représentants des salariés et des employeurs de participer à la fabrique de la loi de manière très officielle. Et on leur a dit : "Faites de la politique." C'est pas leur rôle – durant ce quinquennat beaucoup d'avancées ont été faites –, mais un de mes désaccords stratégiques, c'est qu'on ne peut pas demander à un syndicat – on l'a beaucoup demandé à la CFDT – de définir la frontière technologique de la réforme. Ce n'est pas son rôle. C'est pas ce qu'on attend d'elle, d'ailleurs on la fragilise en lui demandant ça. Elle doit défendre les salariés qu'elle représente. C'est ça, son rôle dans le dialogue social. Et donc moi, je dis : "L'État doit redevenir courageux et prendre sa part de responsabilité quand il s'agit de définir l'intérêt général." Je dis, "moi Président", je veux reprendre ma part de responsabilité sur le chômage, la formation continue. Ils ne sont pas à déléguer aux partenaires sociaux. » La salle est stupéfaite. Ce ne sont pas les mots doux – campagne électorale oblige – qu'Emmanuel Macron prononce en conclusion face caméra qui vont dissiper le malaise, calmer la colère. Le candidat s'excuse de ne pas être venu et appuie : « Ce sont des sujets auxquels je tiens, des sujets philosophiques, politiques et économiques qui sont pour moi d'extrême importance et je sais le rôle que la CFDT a joué ces dernières années et, je l'espère, qu'elle continuera à jouer. »

Laurent Berger se souvient parfaitement des mots d'Emmanuel Macron. « Cela nous avait interpellés. Quand on voit cette vidéo, on comprend très bien que lui et nous ne sommes pas sur la même conception. C'est le premier point de désaccord majeur : la conception de la démocratie sociale, la place des syndicats, des corps intermédiaires dans la société. » Ce n'est pas rien pour un syndicat comme la CFDT, issu de la deuxième gauche, apôtre du compromis, de la société mobilisée. L'idée que les syndicats ne doivent pas seulement intervenir dans l'entreprise, mais qu'ils sont légitimes dans toute la société, qu'ils participent de la définition de l'intérêt général, qu'ils ont leur mot à dire sur les grands sujets des retraites, du chômage, de la formation, mais aussi de la démocratie, de la lutte contre la pauvreté, de l'écologie, du féminisme, de l'antiracisme, etc., qu'ils sont des contre-pouvoirs à écouter, respecter, c'est l'histoire même de la CFDT. Sa raison d'être. La remettre en cause, c'est prendre le risque d'un affrontement. Laurent Berger a aussi la conviction que la société française est fragile, qu'elle peut se déchirer, qu'elle ne va pas bien et qu'il faut la recoudre, tisser des liens. Les Français ont besoin d'être écoutés, respectés, pas brutalisés.

Laurent Berger est sûrement un des plus lucides sur Emmanuel Macron. Dès cette époque, sa conviction est faite : « Il n'a pas la culture du compromis. Et c'est peut-être la surprise principale. Là où certains avaient pensé que c'était un Michel Rocard, eh bien non, ce n'est pas Michel Rocard. Ce n'est pas du rocardisme. C'est une évidence. Là où la culture européenne pouvait faire penser qu'il était un héritier de Jacques Delors, ben non, pas dans cette conception étriquée de la confrontation économique et sociale. » Cela ne l'empêche pas, évidemment, conformément à l'histoire de la CFDT et à ses convictions personnelles, d'appeler le soir du premier tour de la présidentielle de 2017 à voter Emmanuel Macron, contre Marine Le Pen.

Le 9 mai 2017, le patron de ce qui est devenu quelques semaines plus tôt le premier syndicat de France dans le privé signe dans *Le Monde* un texte prémonitoire. « J'écris une tribune expliquant qu'il est élu dans une société fatiguée, assez fracturée, qu'il est face à de nombreux défis comme les inégalités, la lutte contre le réchauffement climatique, l'enjeu écologique. Tout ça sur fond de crise démocratique, se souvient Berger. Je lui dis : "Il faut co-construire." » La tribune s'appelle : « Partagez le pouvoir, Monsieur le Président. » Il faut relire cette lettre, écrite le lendemain de l'élection de ce jeune président qui veut tout chambouler, inventer un nouveau monde, devenir Jupiter, diriger le monde. Tout y est déjà. « N'oubliez pas, Monsieur le Président : il n'y a pas de réformes acceptées si elles ne sont pas justes, comprises et concertées. » Il l'exhorte à « ne pas oublier les plus fragiles ». Le prévient : « Monsieur le Président, dans les cinq ans à venir, vous serez à la tête d'un pays qui devra faire face à d'immenses défis. Et, vous le savez bien, vous ne pourrez pas les affronter seul. Le mythe de l'homme providentiel, qui décide tout d'en haut, est un mythe dangereux pour notre démocratie. Les citoyens ne supportent plus d'être consultés une fois tous les cinq ans. Les travailleurs n'en peuvent plus d'être traités comme des êtres mineurs dès lors qu'ils passent le seuil de leur entreprise ou de leur administration. » Berger demande à Macron : « Partagez le pouvoir ! Donnez de l'air à notre société ! Laissez de l'espace aux organisations dont la mission est de faire entendre la voix de ceux qui n'en ont pas. Faites confiance aux organisations qui permettent aux individus de s'organiser ensemble pour peser sur leur avenir ! Sans la démocratie sociale, la démocratie politique est impuissante. Monsieur le Président, dans le contexte qui est le nôtre, vous devez le pressentir, vous ne bénéficierez d'aucun état de grâce. » Et Laurent Berger de conclure par cet avertissement : « La CFDT ne sera ni un allié docile, ni un opposant de principe, mais une organisation syndicale qui assume en toute indépendance à la fois son rôle de contre-pouvoir et de contributeur à l'intérêt général. »

Le nouveau président ne peut pas l'entendre. Il a pensé sa pratique du pouvoir. Elle est l'exact contraire de cette co-construction voulue par le syndicaliste.

« En 2017, on avait théorisé un populisme positif, dans lequel les corps intermédiaires n'avaient pas de place », avoue rétrospectivement, en privé, Alexis Kohler, le puissant secrétaire général de l'Élysée que la presse surnomme « le second cerveau du Président ». Dès qu'il s'installe au Palais, le nouveau président confie à ses proches : « Hollande était dans la main de Berger. Pas moi. La cogestion, c'est fini. » « Il est très attaché à sa liberté, il ne veut dépendre de personne. Et pour lui, les syndicats ne sont pas l'intérêt général », se rappelle un de ceux qui l'ont accompagné depuis le ministère de l'Économie. « Il n'a pas une très haute estime des syndicats, des corps intermédiaires. Pour lui, les partis politiques ne représentent pas grand-chose, les syndicats non plus », appuie un autre qui va gérer le social à l'Élysée. Le Président veut vraiment être l'anti-Hollande. « Il a vu la relation François Hollande / Laurent, il ne veut pas être dans la main de Laurent », ajoute cet ancien conseiller. « Hollande va faire les réformes avec un homme, un syndicat. Macron débarque là-dedans. Il a vu comme secrétaire général adjoint de l'Élysée, comme ministre de l'Économie : "Il faut en parler avec Berger, avec la CFDT." Il voit bien que cette cogestion est piégeuse. On perd du temps. Il veut être efficace », abonde un autre ancien de l'Élysée. Emmanuel Macron ne veut pas seulement se détacher de la CFDT. Il veut s'éloigner des syndicats en général. « Par sa propre expérience personnelle, ce n'est ni un chef d'entreprise, ni un homme qui a travaillé dans une boîte, ni un militant syndical, ni un militant politique. C'est un monde qu'il ne connaît pas », analyse un de ses premiers compagnons de route. Un monde qu'il ne connaît pas. Et dont il ne veut pas. Le Président est persuadé que consulter ces corps intermédiaires, c'est perdre du temps. Il se veut jupitérien. Entre lui et le peuple, il ne doit rien y avoir. Surtout pas ces syndicalistes qui devraient rester dans leurs entreprises.

Laurent Berger était prévenu. Il sait à qui il a affaire. Mais il ne baisse pas les bras pour autant. Il va faire son boulot de syndicaliste face à ce nouveau président. « On n'était pas naïf, quand il a été élu, on était exigeant », se rappelle celui dont l'organisation va bientôt devenir la première, tout simplement. Philippe Martinez n'est pas surpris, lui non plus. Le secrétaire général de la CGT côtoie Emmanuel Macron depuis deux ans, lorsqu'il entre à l'Élysée. « Quand il est élu, on se dit que ça va être dur. On se dit : "Ça va être dur", au sens où on aura du mal à se faire comprendre face à quelqu'un qui est sûr de lui, sûr d'avoir raison tout seul et qui n'a aucune connaissance des syndicats, du mouvement social et qui, même, a plutôt tendance à les dédaigner, les ignorer, à les trouver emmerdants, pour être très clair. Donc, oui, on se dit que le plus dur va commencer. » Le plus dur va bien commencer.

4

Accords et désaccords

Aller vite. Très vite. Dix jours après son installation à l'Élysée, Emmanuel Macron reçoit les partenaires sociaux à tour de rôle. Syndicats de salariés et organisations patronales. Le Président n'a pas de préférence. Il n'a pas voulu mettre en scène une grande conférence sociale. Ça rappelait trop François Hollande. Ce n'est pas sa culture. Il préfère le ballet des voitures dans la cour, la frénésie des journalistes qui filment les entrées et récoltent les réactions à la sortie. Il préfère surtout montrer aux Français qu'il reçoit en tête à tête. Montrer qu'il est attentif. Montrer qu'il va s'attaquer au Code du travail, mais avec le sourire. La « start-up nation » est dans la place. Ce mardi 23 mai 2017, Philippe Martinez succède à Laurent Berger dans le bureau du Président. Une heure l'un en face de l'autre. Le patron de la CGT plaide pour la hausse du Smic, il parle de la souffrance au travail. Il croit avoir compris que le calendrier des ordonnances Travail est moins serré que prévu. Ça donnera le temps de mobiliser. Un peu. Quand il sort, il a le sourire. Il ne sait pas que ce rendez-vous est le premier… et le dernier. « Moi, depuis qu'il est président de la République, je ne l'ai vu qu'une fois en tête à tête. C'était juste après son élection, la première », raconte, devant nos yeux ébahis, Philippe Martinez, à l'hiver 2023. « J'ai plus vu François Hollande en tête à tête en deux ans de présidence qu'Emmanuel Macron en cinq ans et demi. »

Laurent Berger a un traitement particulier. La CFDT est la première organisation. Pas seulement. Emmanuel Macron a dit, pendant sa campagne, qu'il était son « ami ». Déjà. Le mot est bien trop fort, mais les deux hommes se connaissent depuis longtemps. Ils n'ont pas la même conception du dialogue social, mais Berger ne sera jamais un opposant par principe. Un opposant total. C'est sa nature. Et sa fonction. Alors Macron va essayer de le charmer. Et Berger va essayer d'obtenir des mesures pour les salariés. Gagnant-gagnant. Ou pas. Le syndicaliste verra bien. Ce 23 mai, le secrétaire général de la CFDT est le premier à avoir rendez-vous avec le Président. À 9 heures. Laurent Berger lui parle de la pauvreté. Il est inquiet de l'état du pays, du creusement des inégalités, des difficultés des plus pauvres. « J'ai l'impression d'un mec qui me regarde en ne me comprenant pas, se souvient le syndicaliste. C'est un désaccord profond avec lui, la question du rapport aux inégalités. Il pense que tu files à tout le monde la même chance au départ et puis ça marche. Il pense que, si l'économie marche bien, ça redistribuera tout seul et finalement, les travailleurs iront bien. Je pense très différemment. Je pense qu'il y a besoin d'une égalité d'accès à l'éducation, à la santé, à la justice. Je pense qu'il y a besoin de construire de l'égalité de droit, mais que les parcours peuvent être cabossés. La vie fait que le gagnant du lundi ne sera pas forcément celui du vendredi. On a besoin d'une puissance publique qui accompagne, analyse Laurent Berger. Pour lui, qui a un parcours brillantissime, cette conception des fragilités, des vulnérabilités qui traversent la société est difficile à appréhender. »

Ce qui est difficile à appréhender pour les syndicats dès l'arrivée du nouveau président, ce sont ces ordonnances Travail, qui vont bouleverser le Code du travail, plafonner les indemnités prud'homales et amoindrir les instances de défense des salariés dans les entreprises. « Ce n'était pas évident pour les syndicats de commencer par ce texte-là, j'en étais consciente. Mais on savait qu'on ferait autre chose après, admet la ministre du Travail de l'époque, Muriel Pénicaud. On a mené les ordonnances en deux mois, avec trois cents heures de discussion avec les partenaires sociaux. Deux personnes ont fait bouger le texte, Laurent Berger et Jean-Claude Mailly, la CFDT et FO. Ils ont demandé de renforcer le dialogue social dans les branches et surtout d'augmenter l'indemnité légale de licenciement qui était très basse. » Philippe Martinez et la CGT sont immédiatement opposés à ces ordonnances. « C'est une obsession chez lui : "Il y a trop de contraintes" ; "Il y a trop de droits pour le monde du travail" ; "Il faut libéraliser le travail." C'est une démarche ultralibérale à l'anglo-saxonne. Il veut réduire les droits et les prérogatives des organisations syndicales », analyse Martinez. Mais mobiliser contre ce texte est difficile. « Il n'y a pas beaucoup de résistance, parce qu'il est quand même présenté comme le Messie, sans mauvais jeu de mots. Certains l'ont appelé Jupiter. Il est un peu sur un nuage. » Laurent Berger et la CFDT ne sont pas immédiatement dans l'opposition. « Emmanuel Macron veut réformer le dialogue social dans l'entreprise. Il a la légitimité de son élection et une majorité au Parlement pour le faire. À ce moment-là, la CFDT décide de rentrer dans la discussion. Avec FO notamment, on essaie de contrer des choses, d'en améliorer d'autres. » Aujourd'hui, le regard du leader de la CFDT sur ce texte est dur : « Quand on regarde le texte, avec du recul, ça a réduit la place du dialogue social dans l'entreprise. Ça illustre bien, avec le recul, qu'il a une vision de simplification à outrance de la démocratie sociale. Ces ordonnances se révèlent une catastrophe pour le dialogue social, pour la proximité des représentants des salariés avec les travailleurs, pour la prise en compte des questions de santé et des conditions de travail dans les instances de représentation. Voilà, ça a été un affaiblissement du syndicalisme dans l'entreprise. »

Le Président et ses gouvernements se lancent ensuite dans des réformes de l'assurance chômage, auxquelles s'opposent les syndicats. « C'est un désaccord très fort avec la CFDT. Réforme après réforme de l'assurance chômage, il y a une mainmise très forte de l'État, du gouvernement et une volonté de réduire les droits des chômeurs », raconte Berger. Très vite, un autre sujet oppose le leader de la CFDT au Président. C'est l'immigration. Berger, avec d'autres dirigeants associatifs et intellectuels de gauche, dénonce dès janvier 2018 l'« attitude à double face » du Président sur la question de l'accueil des migrants et du droit d'asile. « Nous ne devons pas perdre notre âme », plaide-t-il dans *L'Obs*. Avec Lionel Zinsou, Thierry Pech, Jean Pisany-Ferry et Jean-François Rial, Berger signe une lettre ouverte à Macron dans *Le Monde* au moment où le Président se rend à Calais. Les mots sont forts. « Il importe de convaincre chacune et chacun que l'exécutif n'a pas un double langage, celui des tribunes et celui de la nuit, celui des professions de foi et celui des intimidations, celui de la générosité publique et celui du zèle bureaucratique », écrivent-ils. Macron en veut beaucoup à ces intellectuels, à Laurent Berger, de le critiquer aussi durement. Il ne comprend d'ailleurs pas vraiment pourquoi le syndicaliste sort de son « champ ». « Pour lui, les syndicats, c'est la branche ou l'entreprise. Il est moins convaincu, voire opposé à l'idée que les syndicats défendent l'intérêt général de la société. Or, Laurent, plus que Chérèque, Notat, a poussé cette vision sociétale », explique un de ceux qui gèrent le social à l'Élysée. Un autre abonde : « Son désaccord fondamental, avec la CFDT, c'est que, pour lui, les syndicats, c'est les intérêts particuliers. Ils ne doivent pas se mêler de l'intérêt général. C'est à rebours de l'histoire sociale, à rebours de l'histoire de la CFDT. »

Laurent Berger ne va pas changer pour faire plaisir au Président. Il a des valeurs, il défend les migrants, les plus pauvres. Il est féministe, antiraciste, se mêle de la société. Ce sont ses convictions. Et celles de la CFDT. Cette organisation a toujours eu un projet de société. C'est son histoire. Quels que soient les présidents.

C'est l'histoire d'un syndicaliste qui alerte. Et d'un président qui ne l'écoute pas. Berger est inquiet de l'état de la société. Elle est fragile. Il sent monter une colère. C'est ce qu'il perçoit en cette rentrée 2018. « Quelques semaines avant le déclenchement du mouvement des Gilets jaunes », il participe à une réunion à l'Élysée avec le conseiller social, la secrétaire générale adjointe. Alexis Kohler, le secrétaire général, passe et demande « la perception du moment ».

« On sent beaucoup d'excitation, beaucoup de mécontentement. Il nous semble que ce ne serait pas inutile de regrouper des organisations syndicales, patronales, des associations, des élus pour savoir quel est le ressenti de la période », détaille Laurent Berger. Fin de non-recevoir. « Ça a été balayé tout de suite, pour une raison simple : c'était encore un truc un peu compliqué et c'était étayé par un ressenti, pas par des faits extrêmement concrets. » La colère jaune éclate peu après. L'appel à l'occupation des ronds-points, le samedi 17 novembre, contre la taxe carbone et la hausse du prix de l'essence, prend de l'ampleur. Les Gilets jaunes déferlent dans toute la France. La semaine d'avant, ça se sent, ça se voit. Un mouvement sans leader, organisé sur les réseaux sociaux, très méfiant à l'égard des syndicats, des partis, des institutions, est en marche. Laurent Berger n'a pas abandonné l'idée d'une grande réunion pour trouver des débouchés à la colère qu'il percevait. Le 15 novembre 2018, il envoie un texto à Emmanuel Macron : « Je pense que cela serait utile que l'on se parle. » Le 17 novembre, il n'est pas sur un rond-point mais dans un congrès syndical. Il y dit ce qu'il aurait raconté au Président si celui-ci l'avait appelé. Et le tweete pour que le message passe. « J'appelle Emmanuel Macron et Édouard Philippe à réunir très rapidement les syndicats, les organisations patronales, les associations, pour construire un pacte social de la conversion écologique. » Berger veut trouver des solutions à la colère, sans sacrifier l'écologie. Le 18, le syndicaliste discute « avec le conseiller social de l'Élysée et des conseillers de Matignon ». Le feu est plutôt vert. Mais au 20 heures de France 2, Édouard Philippe claque la porte au nez de Laurent Berger. « Je ne crois pas que ce que demandent les Gilets jaunes soit une grande conférence avec les responsables politiques et des responsables syndicaux. » Le lendemain, le Premier ministre appelle le syndicaliste pour s'excuser. Ce même 19 novembre, Emmanuel Macron répond à Laurent Berger : « Je t'appelle en revenant de Belgique, mais je vais élaborer sur ta proposition et proposer quelque chose au moment de la stratégie énergie. » Il n'y aura jamais de pacte social et écologique. « Ils m'ont claqué la porte le 18 novembre, mais je continue. Je m'en fous. Je n'ai aucune amertume. Mon rôle, c'est de dire : "Voilà une voie de sortie, un compromis." Je réessaie. Quand c'est le bordel, j'agis », témoigne le syndicaliste. Le 1er décembre, l'Arc de Triomphe est attaqué par des Gilets jaunes. Le pouvoir est tétanisé par ces scènes de violence non loin de l'Élysée. Le mouvement inquiète. Le 3 décembre, Laurent Berger envoie un nouveau texto au Président pour lui proposer des voies de sortie « face à la situation tendue et [au] risque de radicalisation et de récupération en tout genre ». Une « prime transport », des « états généraux nationaux du pouvoir de vivre ». Il finit par : « Je crois que tout cela doit s'accompagner d'un message d'empathie et de co-construction avec les acteurs sociaux, et dans le même temps aucune tolérance avec les violences et les dérapages en tout genre. Voilà, le pire serait une réponse unilatérale qui tomberait sans préparation des relais potentiels. Cela ferait plouf une fois de plus. » Le Président ne donne pas suite. Encore un rendez-vous manqué avec Laurent Berger. Macron annonce douze milliards d'euros de mesures et un grand débat, un dialogue direct entre lui et le « peuple ». « Ce n'est pas vrai qu'il n'aime pas les syndicats. Mais il pense qu'ils ne représentent pas l'alpha et l'oméga. C'est toujours sa vision : il faut être en prise directe, les intermédiaires ne servent à rien. Les Gilets jaunes lui ont donné raison », le défend un de ceux qui ont géré cette crise à ses côtés à l'Élysée. Berger persiste. Si le Président et le Premier ministre ne veulent pas de son pacte écologique et social, il va le faire sans eux. Avec la société civile. En janvier, il réunit quinze associations et organisations. « Qu'est-ce qu'on fait ? » demande Berger à ses amis. « On décide de créer le pacte de pouvoir de vivre, une alliance entre, à l'époque, dix-neuf organisations – on est aujourd'hui soixante-cinq – qui partagent l'idée qu'il faut concilier enjeux écologiques et sociaux. On pense qu'il faut s'occuper du problème du réchauffement climatique, en ayant la volonté de réduire les inégalités et que ça se fera dans une démocratie renouvelée et qui fonctionnera différemment. » Laurent Berger, Nicolas

Hulot, ATD Quart-Monde, la fondation Abbé-Pierre, La Mutualité… rendent publique en mars 2019 cette nouvelle alliance. « Ce mec n'est pas un syndicaliste. C'est un mec d'ONG, il ne parle pas d'économie », se plaint Emmanuel Macron auprès d'un proche, à propos de Laurent Berger et de son pacte de pouvoir de vivre. « C'est accueilli fraîchement parce que ça donne peut-être le sentiment qu'on se mêle de ce qui ne nous regarde pas. Or, ça nous regarde, défend le patron de la CFDT. Ça construit une forme de contre-pouvoir, ce qui est absolument nécessaire dans une démocratie. Ce n'est pas la conception du président de la République. Il ne cherche pas des contre-pouvoirs, il cherche des gens qui sont avec ou contre lui. Or, nous ne sommes ni l'un ni l'autre. On veut faire entendre une voix de la société civile. » Une société civile que le Président voit d'un œil distant.

Entre Berger et Macron, ce n'est pas la confrontation permanente. C'est plutôt accords et désaccords. Les relations normales entre un syndicaliste et un président. Le leader de la CFDT est toujours ouvert à la discussion. Il tente toujours de trouver un compromis si cela ne remet pas en cause ce en quoi il croit. Quand un pouvoir, quel qu'il soit, reprend ses idées, il est forcément d'accord. Alors quand, en 2019, Emmanuel Macron annonce qu'il va instaurer la retraite à points, conformément à sa promesse de campagne, Laurent Berger le soutient. Le système de retraite universel (chaque euro cotisé rapporte un point, les mêmes droits pour tous, les régimes spéciaux sont supprimés), c'est le bébé de la CFDT, « sa » réforme des retraites. « Quand un président, un Premier ministre, reprend les idées de la CFDT, on dit que c'est bien et on s'engage. C'est ce qu'on a fait. Ça a plus ou moins bien fonctionné. Il y a eu ensuite l'introduction de l'âge pivot, qui mettait un coin dans cette logique d'un système universel. On l'a fait retirer », rappelle Berger. Cette réforme des retraites systémique est soutenue par la CFDT et combattue par la CGT. Il y a des manifestations. Sans unité syndicale, elles ne sont pas très massives. Édouard Philippe, en essayant d'introduire un âge pivot à soixante-quatre ans, a fragilisé le soutien à la retraite à points. Alors que le gouvernement a l'appui de la CFDT et une majorité absolue à l'Assemblée, la réforme est adoptée grâce au 49.3 en mars 2020. Avec le Covid et l'annonce du premier confinement, le Président suspend toutes les réformes, « à commencer par celle des retraites ». La pause vaudra abandon. La retraite à points ne sera jamais appliquée. Au grand regret de Laurent Berger. Un ancien conseiller du Président explique : « Cette réforme, c'est ce à quoi il croit, mais c'est trop compliqué. On a perdu tout le monde. » Tout le monde, on ne sait pas. Mais Laurent Berger, c'est certain.

L'urgence est ailleurs. Le Covid et le confinement plongent des millions de salariés dans l'angoisse. Une crise sociale peut arriver. Alors le pouvoir et les partenaires sociaux agissent ensemble. Ensemble et vite. « Ils ont besoin de nous. Ça se passe bien », se souvient Laurent Berger. Le leader de la CFDT pousse à la mise en place d'une « activité partielle longue durée ». L'État prend en charge les salaires de ceux qui ne peuvent plus travailler, ceux dont les entreprises sont fermées pour cause de confinement, de crise sanitaire. « Pendant la crise du Covid, il y a eu immédiatement une sorte d'union sacrée avec les leaders syndicaux et patronaux. Il fallait régler des tas de problèmes en très peu de jours. Ensemble, on a bâti le système d'activité partielle. On fait ensemble les protocoles sanitaires. On n'aurait pas réussi sans les partenaires sociaux », raconte, en écho, Muriel Pénicaud. Le seul regret de Laurent Berger, c'est que ni l'ensemble des organisations syndicales, ni le président de la République n'ont voulu acter solennellement cet accord social. « Le Président est réticent, en disant : "C'est moi qui le présente ; on ne va pas faire croire qu'on a travaillé ensemble" ; alors que c'était le cas. » Quand il repense à cette période, le secrétaire général de la CFDT résume : « Personne n'a joué au con, excusez cette expression. C'était une parenthèse dorée, une parenthèse qui n'a pas duré. »

La parenthèse va bientôt se refermer. Emmanuel Macron et ses équipes n'ont finalement jamais vraiment aimé les syndicats. Leur projet, ce n'est pas la « cogestion », ni même la co-construction. Leur projet, ce n'est pas la société mobilisée, la deuxième gauche, le dialogue social. Leur projet, ce n'est pas celui de Laurent Berger. La suite va le démontrer. En novembre 2021, *L'Obs* publie cette phrase d'Alexis Kohler : « Laurent Berger, on lui tape sur la tête et il rentre dans le rang. » Le secrétaire général de l'Élysée appelle ensuite le leader de la CFDT pour démentir, sans démentir. Il rame. « Que veut dire cette phrase ? se demande devant nous Laurent Berger. Que, faire un compromis, c'est nous appuyer sur la tête ? Qu'on est docile ? Qu'on leur fait peur ? Qu'on est indépendant ? Ça dit surtout une conception très singulière du dialogue social. Si les gens sont d'accord et actent des compromis, ce sont vos affiliés. S'ils agissent ainsi, c'est par peur de vous. On retrouve là leur mépris et leur violence. »

Mépris. Violence. Le décor de la bataille des retraites est posé.

5

L'arnaque

C'est là que tout s'est joué. Là qu'Emmanuel Macron a eu besoin des syndicats. Là que Laurent Berger et Philippe Martinez ont été à la hauteur de l'histoire de leurs organisations, là qu'ils se sont mobilisés, qu'ils l'ont aidé. Là qu'Emmanuel Macron leur a promis qu'il allait changer. Qu'il ne l'a pas fait. Qu'il leur a tourné le dos. Là qu'il les a arnaqués. C'est là que quelque chose s'est vraiment cassé. Pour comprendre aussi la détermination des deux syndicalistes dans la bataille des retraites, il faut revenir à cet entre-deux-tours de la présidentielle de 2022.

Laurent Berger savait que faire voter pour Emmanuel Macron – même face à Marine Le Pen – serait cette fois-ci moins aisé. Le quinquennat et son lot de déceptions sociales étaient passés par là. « Pour certains, c'est plus compliqué qu'en 2017. » Alors le patron de la CFDT s'y est pris très tôt. Dès septembre, il prévient ses troupes : « On appellera à nouveau à voter contre l'extrême droite », et donc à voter Macron si c'est lui le qualifié. Il le répète dans toutes ses réunions militantes. Il affirme aussi, car il sait que sa parole compte dans son syndicat, qu'il y a une place particulière : « Tant que je suis secrétaire général, jamais la CFDT ne transigera dans ce cas de figure. Si vous voulez faire autrement, ce sera sans votre secrétaire général. » Personne ne le conteste. La lutte contre l'extrême droite fait partie de la culture de la CFDT. Le soir du premier tour, Laurent Berger n'a aucune hésitation. Il appelle immédiatement à voter pour le président sortant, face à la candidate du RN. L'annonce de la retraite à soixante-cinq ans ne compte pas face au danger de l'extrême droite. Les promesses électorales n'engagent que ceux qui y croient. Ce dimanche 10 avril, Emmanuel Macron s'avance : « J'invite solennellement nos concitoyens, quelle que soit leur sensibilité et quel qu'ait été leur choix au premier tour, à nous rejoindre. Certains le feront pour faire barrage à l'extrême droite. Et je suis pleinement conscient que cela ne vaudra pas soutien au projet que je porte et je le respecte. » Le barrage ne vaut pas acceptation de trois ans de boulot en plus. Tous le comprennent. Le président sortant a eu chaud. Il fait moins de 28 %, Marine Le Pen, plus de 23 %. Son équipe est certaine que le report de l'âge légal de départ à la retraite lui a coûté trois ou quatre points, ceux qui auraient permis de faire la vraie différence avec Marine Le Pen. Il va devoir se battre, faire campagne, aller chercher parmi les 22 % d'électeurs de Jean-Luc Mélenchon, aller décrocher les déçus du premier quinquennat. « Dans cet entre-deux-tours, il comprend que le vent du boulet ne passe pas loin », raconte Laurent Berger. Le patron de la CFDT se démène. Ses militants distribuent des documents dans les entreprises, argumentent sur les dangers du RN. « On fait une campagne acharnée pendant les quinze jours avec des tribunes », se rappelle le syndicaliste. Une tribune fait événement, celle qu'il signe avec Philippe Martinez dans le *JDD* le dimanche 17 avril. Berger et Martinez se connaissent bien, ils partagent les mêmes convictions anti-extrême droite. Signer ensemble ce texte est facile. Même si c'est une première. Le titre est explicite : « Marine Le Pen est un danger pour les travailleurs. » Les patrons des deux premiers syndicats de France s'engagent ensemble. « Nous sommes deux responsables d'organisations qui ne se résignent pas à voir l'extrême droite au pouvoir. Le Rassemblement national est un danger pour les droits fondamentaux des citoyens et des travailleurs [...]. Ne lui confions pas les clés de notre démocratie, au risque de les perdre », écrivent-ils. Ils n'ont pas besoin de citer le nom d'Emmanuel Macron pour que leur consigne de vote soit limpide. Le président sortant saisit immédiatement la portée de ce geste inédit.

Le soir même, le téléphone de Philippe Martinez sonne. Le leader de la CGT est occupé, il ne décroche pas. C'était Emmanuel Macron. « C'est son côté : "J'aime tout le monde ou je joue les charmeurs." Il m'a laissé un message pour me dire qu'il était d'accord avec moi dans mon opposition à la montée du Rassemblement national. Il m'a promis de me voir très rapidement », raconte le syndicaliste. « Je ne l'ai pas vu depuis », assène-t-il en se marrant. Promesse, promesse. Paroles, paroles. Philippe Martinez n'a jamais effacé le message du président/candidat. En réponse, il lui a envoyé un SMS : « L'humilité est une grande qualité. N'oubliez pas ça. »

Macron a immédiatement remercié Laurent Berger. Il s'entretient et parle avec lui tout au long de ces journées de tempête. « Il affirme vouloir faire autrement, vouloir davantage discuter », témoigne le syndicaliste. Le réformiste prévient le Président : « On joue le jeu parce que ce sont nos valeurs. On ne demande pas de retour, on a fait notre travail. » Rien en retour. Il ne marchande pas. Ne deale pas. Les voix des salariés ne sont pas à vendre. Mais Berger plaide la cause de son copain auprès du candidat. « Je lui dis que Philippe Martinez a fait quelque chose de puissant en signant cette tribune avec moi et que ça mérite quand même de regarder la façon dont cette organisation est rencontrée, comment on discute avec elle. » Magie de la campagne électorale. Macron a besoin des voix des millions de syndiqués, il se fait tout miel. Jamais il ne dit qu'il ne reculera pas l'âge légal de départ à la retraite. Mais il affirme au leader de la CFDT qu'il y aura une discussion. Après l'élection, « on fera tout ensemble, on va co-construire », promet-il. Il le dit. L'écrit. Plusieurs fois.

« Ce vote m'oblige », s'engage Emmanuel Macron, le soir du second tour, une fois élu avec 58,5 % des voix. Et après ? « Il n'y a pas vraiment eu de changement de méthode, il n'y a pas eu de changement de doctrine. Il n'y a pas eu de changement de regard sur nous », pointe Berger. Les syndicalistes n'ont pas été entendus. Le Président ne les a pas écoutés. Encore une occasion ratée. Le leader de la CFDT n'a pourtant aucun regret. « Je le referais. Si c'était à refaire, demain matin je refais la même chose. Je n'hésiterais pas, annonce-t-il. Je ne confonds pas les choses. L'extrême droite s'est normalisée. Les gens disent : “Elle va arriver au pouvoir.” Mais l'extrême droite, c'est l'extrême droite. C'est la xénophobie, la pression exercée sur ceux qui n'ont pas la bonne couleur de peau. C'est le fait de désinhiber des petits fachos qui n'attendent que ça. C'est la restriction des libertés publiques, une vision mortifère des différences, qu'elles soient de couleur, de religion, d'orientation sexuelle. C'est ça, l'extrême droite. » Il continue : « Il ne faut pas qu'on se raconte des conneries. Ils ne sont pas tout à coup devenus fréquentables. » Il recommencerait. Sans aucun état d'âme. Quel que soit le candidat en face du RN. « Ça aurait été Édouard Philippe, Mélenchon, Hidalgo, Jadot, Xavier Bertrand, Valérie Pécresse, c'était la même chose. »

Contre l'extrême droite, Laurent Berger sera toujours là. « Il y a le sentiment, je vais vous le dire, que tout ça ne compte pas, une fois que c'est passé. »

Avec Emmanuel Macron, le changement, ce ne sera jamais maintenant. Pourquoi le Président a-t-il oublié ses promesses ? Pourquoi ne s'est-il pas souvenu de ce qu'avaient fait la CFDT et la CGT dans ces journées cruciales ? Pourquoi ce vote de celles et ceux qui avaient fait barrage à l'extrême droite ne l'a-t-il pas obligé à les écouter, à tenir compte de leur opposition à la retraite à soixante-quatre ans ? « Pour lui, l'entre-deux-tours de la présidentielle, c'est de la préhistoire », analyse le leader de la CFDT. « Je sais ce que je dois à Laurent Berger », avait pourtant dit Emmanuel Macron à des proches. Il le savait. Puis l'a oublié. C'est l'histoire d'un président qui avait théorisé la mort des syndicats et qui s'est retrouvé face à un mouvement social historique dirigé par des syndicats unis. Parce qu'il ne les a pas écoutés. Parce qu'il les a humiliés. Parce qu'il a trahi sa parole.

6

Foncer dans le mur

Comme un flottement. Un sentiment étrange. Le Président vient d'être réélu, mais il n'a pas l'air de savoir quel chemin emprunter. Il hésite, il tâtonne, il procrastine. Il a promis qu'il allait changer, qu'il ne serait plus jupitérien, mais que faire ? Changer de Premier ministre ? Qui nommer ? Dans ces journées singulières, au moment où ses partisans font campagne sur le report de l'âge légal à soixante-cinq ans – seule promesse identifiée de son programme de premier tour – et alors que Jean-Luc Mélenchon a réuni la gauche pour devenir Premier ministre, Emmanuel Macron s'accroche à sa nouvelle idée, celle qui doit incarner son changement de méthode. Son Conseil national de la refondation (CNR). C'est de ça qu'il veut parler avec les leaders syndicaux. Et de la situation économique et du pouvoir d'achat. Le Président invite donc à déjeuner les syndicalistes, ce vendredi

10 juin, juste avant que les Français n'élisent leurs députés. Un changement de méthode n'est pas dénué d'arguments électoraux. L'image doit suffire à montrer qu'il a compris, que ce nouveau quinquennat sera celui du dialogue social. Philippe Martinez décline l'invitation. Il ne veut pas être instrumentalisé. « Cela ressemble à un déjeuner de campagne à deux jours du premier tour des élections législatives. » Les quatre autres organisations syndicales représentatives seront là : CFDT, FO, CFE-CGC et CFTC. La veille, le Président, en déplacement dans le Tarn, a redit qu'il souhaitait « lancer le chantier de la retraite » dès cet été. Singulière entrée en pratique de la « nouvelle méthode ». Tous les syndicats ont, en effet, déjà dit leur refus des soixante-cinq ans. Macron ne veut pas gâcher ses retrouvailles avec ces corps intermédiaires qu'il a tellement méprisés pendant son premier quinquennat. Il veut leur dire qu'il a changé, qu'il va changer. Il leur fait un numéro de charme plutôt qu'une leçon. Pour que son CNR ait du sens, il a besoin qu'ils soient là. Sans les syndicats, ça fera pschitt. Emmanuel Macron démine pendant deux heures. Les retraites ? Ce sera pour plus tard, il y aura des discussions. « On a senti qu'il n'y avait pas de volonté de précipitation de sa part », affirme Laurent Berger, en sortant. Le CNR ? Ce sera une « méthode », pas une « institution ». Et il travaillera sur les retraites. FO trouve encore ce machin trop « flou ». Mais, en sortant, ils sont plutôt « rassurés ». Ils vont essayer. Encore une

fois. Ils ne savent pas que ce déjeuner sera bientôt instrumentalisé par les macronistes. Au plus fort de la bataille des retraites, le Président, ses proches, ses ministres brandiront ce repas comme preuve d'une concertation avec les syndicats sur cette réforme tant décriée. « Pendant ce déjeuner, il évoque longuement le CNR, il nous parle à peine des retraites », se souvient le patron de la CFDT. Un sujet parmi d'autres autour d'un repas. Une précision sur un calendrier. Pas une négociation, ni même une concertation. Ce que ne mesure pas le Président, c'est qu'en face de lui, il n'a pas quatre individus, mais quatre organisations, qui peuvent s'entendre ou avoir des désaccords, et néanmoins s'unir. Une alliance en marche. Ce qu'Emmanuel Macron sous-estime aussi, c'est que, même si la CGT n'est pas autour de la table, elle fait partie du front qui est en train de se construire. Dès ce mois de juin, ils signent des communiqués communs sur l'assurance chômage, les salaires. Face à un pouvoir qui a perdu la majorité absolue à l'Assemblée nationale. Au Parlement, l'opposition a plusieurs visages, ceux de Marine Le Pen et son groupe de quatre-vingt-neuf députés RN, et ceux des cent cinquante élus de la Nupes.

Le Président n'acte pas une défaite, il veut croire que ses réformes passeront grâce à des accords au coup par coup. Il n'a pas l'intention d'adoucir son programme ou de l'amender pour faire plaisir à tel ou tel. Il le dit aux Français. Depuis les jardins de l'Élysée, le 14 juillet, il annonce une réforme du travail « dès cet été ». Il a bien l'intention de réformer l'assurance chômage, le RSA. Il promet une réforme des retraites, avec un report de l'âge légal à soixante-cinq ans en 2030. « On doit travailler plus et plus longtemps [...]. On travaille moins longtemps que nos voisins », plaide le chef de l'État. Le changement n'est pas flagrant. Pour les syndicats, c'est la douche froide. Le lendemain, Laurent Berger envoie un SMS à Emmanuel Macron : « Nous voulions vraiment faire les choses en responsabilité, mais ton interview d'hier illustre que le changement de méthode n'est pas là. [...] Franchement, cela augure une rentrée compliquée. » La rentrée sera compliquée. Laurent Berger ne désespère pas. Il ne désespère jamais. Il a compris : le second quinquennat ressemblera au premier. Il ne va pas claquer la porte. Ce n'est pas son style. Et pas son rôle. À la rentrée, il accepte même de se rendre au drôle de lancement du CNR, ce huis clos en plein air au Centre national du rugby, à Marcoussis, dans l'Essonne. Cette instance doit réfléchir au pays en regroupant des forces politiques, syndicales, associatives. Des partis d'opposition boycottent. La CGT boycotte. « C'est assez dégueulasse d'utiliser le CNR, le Conseil national de la Résistance, qui a une valeur historique, qui a construit la France après la guerre sur des bases sociales, s'insurge Philippe Martinez. Le Conseil national de la Résistance, c'est la création de la Sécurité sociale, ce qu'il est en train de casser avec la réforme de l'assurance chômage, la réforme des retraites. C'est la création des comités d'entreprise qu'il a cassés avec les ordonnances. C'est assez dégueulasse d'utiliser le CNR comme moyen de dire : "Je renoue avec le passé social de la France", pour faire l'inverse. » Martinez estime aussi qu'il n'y a pas besoin de créer une nouvelle instance, que le pouvoir pourrait utiliser le Conseil économique, social et environnemental, par exemple. « Pourquoi construire autre chose alors qu'il y a déjà des instances ? C'est une façon de noyer le poisson et puis de se dire : "Je refais le grand débat, je refais un endroit où on va pouvoir se parler librement." Ça sent le réchauffé. C'est une façon de détourner l'attention. » Philippe Martinez n'a pas envie d'essayer. Il ne croit pas aux promesses de nouvelle méthode d'Emmanuel Macron. « On a autre chose à faire que de perdre notre temps dans un lieu où, de toute façon, c'est une nouvelle fois le président de la République qui décidera de ce qu'il veut faire. » Laurent Berger, lui, participe à cette réunion de lancement. Il s'y exprime et n'occulte rien de ses désaccords. Il dit clairement au Président de « ne pas faire de réforme des retraites précipitée, et pas sur l'âge ». En sortant, il raconte : « Les échanges ont été très cash et vifs. » Un lancement et puis, plus rien. « Ça aurait pu être un espace de co-construction et d'innovation sociale. Ça parlait plus à la CFDT qu'à d'autres, il ne faut pas se raconter d'histoires, se souvient Laurent Berger. Puis ça s'est perdu dans les limbes de la technocratie, la confusion, l'absence de ligne directrice. C'est un peu Géo Trouvetou qui a une idée maline et qui n'arrive pas à l'industrialiser. » Quelques jours après le lancement du CNR, Emmanuel Macron annonce, devant l'Association de la presse présidentielle, que la réforme des retraites entrera en vigueur « dès 2023 ». Il n'est plus question d'attendre, de temporiser. En face se tiendra l'intersyndicale. Bientôt les Français connaîtront leurs visages. « En septembre, on fait une réunion en visio, les cinq responsables des organisations représentatives, et on s'engage à une chose : "S'ils sortent quelque chose sur les retraites, on s'appelle avant et on réagit ensemble", révèle Laurent Berger. Ce principe, on s'y est tenu tout au long de l'intersyndicale. » Le public n'est pas encore habitué à voir côte à côte cette bande. Une nouvelle période sociale s'annonce. La bataille des retraites va pouvoir commencer, ce sera la leur.

Le pouvoir ne tient compte d'aucune alerte. Ni celles de tous les syndicats. Ni celles des opposants politiques. En octobre, la Première ministre reçoit Marine Le Pen, dans le cadre des consultations des forces politiques. L'ancienne candidate à la présidentielle dit son hostilité à ces soixante-cinq ans, « une réforme injuste », et dénonce le mauvais timing. « Je lui dis : mais comment pouvez-vous, alors qu'il n'y a pas d'urgence, envisager de mettre ça en place aujourd'hui, alors que les Français sont confrontés à une inflation qui est spectaculaire et notamment une inflation alimentaire ? Les prix du carburant se sont envolés, le gaz, l'électricité. Ils n'arrivent plus à faire face à leurs factures. Il y a la guerre en Ukraine, il y a des pénuries de médicaments, il y a des tensions d'approvisionnement », plaide Le Pen. Elle ajoute : « Si vous faites ça, vous allez mettre le feu. Et si vous mettez le feu, vous ne comptez pas venir me chercher comme pompier, je ne jouerai pas les pompiers. » Élisabeth Borne trouve le propos « brutal ». Elle ne dévie pas de sa route. Le pouvoir ne croit pas que les retraites vont mettre le feu au pays. « Vraiment, pour lui, la réforme des retraites, ce n'est pas essentiel. Ce n'est pas ce qui restera », croit savoir un de ses proches au début de l'automne. La ligne du pouvoir est simple : il faut faire cette réforme pour des raisons budgétaires. La droite la votera. Les syndicats râleront mais ils râlent tout le temps. Les Français sont préoccupés par leur pouvoir d'achat, ils ne feront pas grève. Erreurs d'analyse. À l'automne, la Première ministre et le ministre du Travail se lancent dans des concertations avec les syndicats. Concertations et pas négociations. La différence est de taille. La discussion est très cadrée. Laurent Berger n'assiste qu'à certains rendez-vous avec Olivier Dussopt ou Élisabeth Borne. D'autres dirigeants de la CFDT, dont Yvan Ricordeau, qui suit le dossier des retraites, se chargent des autres discussions. « Les concertations concernent la pénibilité, les carrières longues, etc. Mais quand on arrive aux soixante-cinq ou soixante-quatre ans et qu'on développe nos fameuses propositions d'un cocktail de mesures pour financer, la réponse est tout de suite "non". Il n'y a pas de concertation sur le cœur de la réforme, le report de l'âge légal. Aucune », raconte Berger. La Première ministre n'obtient pas l'accord des syndicats sur sa réforme. Elle ne parvient pas à diviser le front syndical. Elle obtient, en revanche, du Président que les Français travaillent jusqu'à soixante-quatre et non soixante-cinq ans (ce qu'il avait aussi laissé entendre dans un déplacement pendant l'entre-deux-tours). Le pouvoir pense que les opposants, et les Français en général, vont leur savoir gré de cette année en moins. Comme si « ça aurait pu être pire » pouvait être un motif de satisfaction. Il se leurre. Deux ans de plus, c'est déjà beaucoup trop pour l'ensemble des syndicats et pour 70 % des Français. Le pouvoir part à la bataille, avec un unique argument : « Le Président l'avait dit. » « Personne – que les électeurs aient voté pour ou contre Emmanuel Macron, et même quand ils ont voté pour lui pour faire barrage – ne peut dire qu'il ne savait pas. Personne ne fait de procès au président de la République de l'avoir pris en traître ou d'avoir caché ce programme-là. Et, d'une certaine manière, je dis que c'est moins difficile de porter cette réforme dans ce contexte », avoue le ministre du Travail, Olivier Dussopt, qui incarne ces soixante-cinq ans.

L'adversaire d'Emmanuel Macron au second tour trouve ce plaidoyer « un peu court » : « Cet argument de l'élection d'Emmanuel Macron n'est pas suffisant parce que, certes, il est élu – c'est incontestable – mais les Français ne lui donnent pas de majorité absolue à l'Assemblée nationale, avance Marine Le Pen. Donc les Français le mettent en quelque sorte sous tutelle des oppositions à l'Assemblée nationale. »

Emmanuel Macron pense qu'il a toute la légitimité démocratique pour réformer les retraites, mais il aimerait quand même avoir la CFDT avec lui. Ou pas contre lui. Il croit toujours que, par la magie de son verbe, il peut emporter la mise, retourner n'importe qui. Il estime qu'il peut convaincre le premier syndicat de France de le suivre. Ou au moins de l'accompagner. Ou même seulement de ne pas l'affronter. Diviser le front uni là où sa Première ministre a échoué, voilà une tâche à la mesure de son talent, rêve-t-il. Le dimanche 11 décembre, Emmanuel Macron reçoit Laurent Berger à l'Élysée. Ce n'est pas un tête-à-tête. Élisabeth Borne, Olivier Dussopt et Alexis Kohler sont là. Marylise Léon, la numéro deux de la CFDT, et Yvan Ricordeau, chargé des retraites, accompagnent leur secrétaire général. Pendant une heure et demie, le Président essaie de convaincre le réformiste. « Il faut faire cette réforme » ; « On en a besoin » ; « La CFDT peut-elle comprendre que soixante-quatre ans, c'est mieux que soixante-cinq ? »

– autant d'arguments qu'il tente. Macron prévient ses invités que l'annonce est reportée à janvier.

« La CFDT est opposée au report de l'âge légal, parce que c'est injuste. Nous sommes l'organisation qui regroupe beaucoup de ces travailleurs de deuxième ligne auxquels tu as été si sensible après le confinement, sans qu'ils aient eu suffisamment de reconnaissance. Nous ne nous engagerons pas sur une réforme qui reporterait l'âge légal », défend Laurent Berger. Et comme le Président a parlé du courage de certains de ses prédécesseurs, le syndicaliste répond. « Je lui dis aussi que je ne serai pas impressionné par le fait qu'on nous compare à des périodes où la CFDT s'était engagée. Car, à chaque fois que nous l'avons fait, c'était parce que nous étions d'accord sur les principes. Là, ce n'est clairement pas le cas. » Macron cherche à les « convaincre, à voir si un chemin est possible », se souvient Berger. Mais il ne dévie pas de ses positions. Il ne tente pas de « dealer » une mesure d'âge contre une durée de cotisation, par exemple. « La seule accélération de la durée de cotisation, ça n'a jamais été sur la table. Jamais », avoue le syndicaliste. Berger est cash. « À partir du moment où le socle de base de cette réforme est le report de l'âge légal – ce que nous combattons depuis vingt-cinq ans – il n'y a pas de chemin possible. Donc, je le lui dis. » Le leader de la CFDT n'est pas un enfant qui fait un caprice, qu'on va raisonner. C'est un syndicaliste qui a des principes et là, un désaccord. Il croit en ce qu'il dit, en ce qu'il défend. Il y croit vraiment. Il ne va pas aller contre ses convictions pour faire plaisir à quelqu'un, fût-il président de la République. Macron a échoué. Il ne pouvait en être autrement. « Berger n'a pas de courage », peste le Président, devant des proches. Le Président fonce. Dans le mur. Dans ses vœux aux Français, le 31 décembre, il leur promet qu'ils devront travailler plus longtemps. Le 3 janvier, à Matignon, la Première ministre reçoit les syndicats à tour de rôle. Une dernière fois. Dernière alerte.

— On est opposé aux soixante-quatre ans, vous le savez. On mobilisera, vous le savez. Je pense que ce sera fort, prévient Laurent Berger.

— Non, on verra bien. L'opinion va comprendre. Ce n'est pas un sujet qui a l'air de préoccuper l'opinion, démine Élisabeth Borne.

— Non, vous verrez, il y aura de grosses mobilisations, répond Berger, et l'opinion sera avec nous.

Tout était dit.

LA CRISE SOCIALE

7

Le soulèvement

C'est la première chose qui le « surprend ». Tout au long de la matinée de ce jeudi 19 janvier, Laurent Berger regarde ses messages, en envoie. Il veut savoir si la mobilisation prend, comprendre l'état du pays. Il surveille le nombre de manifestants dans les villes qui ont déjà défilé. C'est le premier jour de la bataille. Un test crucial pour l'intersyndicale. Le leader de la CFDT demande les chiffres de Saint-Nazaire, bien sûr, sa ville, celle où tout a commencé, où ses copains, sa famille manifestent. Mais pas seulement. Les manifs sont nombreuses à Marseille, Toulouse, Nantes, Rennes, mais aussi dans les sous-préfectures, les petites villes. « C'est déjà très étalé géographiquement, c'est le premier truc qui me surprend », se souvient-il. Les chiffres sont énormes. Des centaines de milliers de personnes ont déjà manifesté. Alors qu'à Paris et dans d'autres grandes villes, ça n'a pas encore commencé. Le nombre fait immédiatement sens. « Le deuxième élément qui me surprend, c'est cette diversité sociologique, cette diversité des professions. » Dans le carré de tête, près de République, il livre sa première analyse : « On a un mouvement porté par une intersyndicale unie, on a des centaines de milliers de personnes, peut-être un million, peut-être plus qui répondent à l'appel. » Déjà il prédit : « Ça va durer. » Philippe Martinez, lui aussi, voit bien que la mobilisation est « à l'image de cette opposition massive » de l'opinion, qu'elle est « réussie », qu'elle va durer. Laurent Berger avait raison : le mouvement part fort. Même au-delà de ce qu'il pensait.

La Première ministre n'avait pas voulu y croire. Le pouvoir ne voulait pas voir la contestation monter. Il continue à la minimiser. Dans son grand bureau, silencieux, pendant que le défilé avance dans Paris, Olivier Dussopt se veut tranquille. « Ce n'est pas la première fois que je porte une réforme avec des manifestations. J'ai porté la réforme de la fonction publique, il y avait des manifestations aussi. » La comparaison surprend. Il pianote de temps en temps sur son portable. « C'est la fois de l'attention, mais en même temps, il y a un agenda, des réunions de travail et la vie qui se poursuit. » Relativiser le conflit qui commence, le banaliser, montrer que le pouvoir continue à avancer. Le ministre de la retraite rode ses arguments : « Quand on est sur une manifestation, qu'il y ait 900 000, 1 million ou 1 100 000 personnes, c'est une grosse manifestation, une forte mobilisation. Mais est-ce que la différence, le chiffre après la virgule, quand on passe le million, change fondamentalement le message ? Je ne sais pas, je n'en suis pas sûr. » Ce 19 janvier, la CGT annonce 2 millions de manifestants dans toute la France, dont 400 000 à Paris, le ministère de l'Intérieur annonce, lui, 1 120 000 manifestants (et 80 000 à Paris). On pense au « chiffre après la virgule quand on passe le million » d'Olivier Dussopt. « On sent dès cette première mobilisation qu'il y a un vrai mécontentement, un vrai rejet de la réforme. Mais on n'est que neuf jours après l'annonce. On ne sait pas encore si un certain nombre d'arguments vont payer ou pas de la part du gouvernement », analyse Laurent Berger. Il ne va pas tarder à le savoir.

En attendant la deuxième journée de mobilisation, je demande à Laurent Berger de prédire l'avenir de la bataille, comme s'il était Mme Soleil ! Il est dans son bureau, au siège de la CFDT. On est le 27 janvier. Il part de l'analyse des premières manifs. Logique. « Ça a été un succès incroyable avec beaucoup, beaucoup de monde dans les rues, une géographie de la mobilisation totalement inédite pour le coup : des endroits où il y avait beaucoup, beaucoup de manifestants et où ce n'était jamais le cas et une sociologie très diverse, y compris les salariés les plus concernés, des secteurs souvent fragiles en termes de droits sociaux. » Puis il déroule, joue le jeu de la prédiction. « Et là, on a un rendez-vous démocratique, en fait. Soit le gouvernement décide de passer et de jouer à travers deux possibilités constitutionnelles qui lui sont données, avec le fameux article 47.1. On ne va pas au bout de la discussion pendant les vingt jours à l'Assemblée. Le texte part au Sénat. Le Sénat est d'accord. Il y a une commission mixte paritaire conclusive et c'est parti. La deuxième solution, c'est trop d'opposition et le gouvernement active le 49.3, ce qui aurait bien des conséquences. Dans les deux cas, je crois que ce n'est pas raisonnable. » Berger appuie : « Ce n'est pas raisonnable de ne pas entendre le rejet de cette réforme par une immense majorité de la population, d'une mobilisation qui suscitera beaucoup, beaucoup de ressentiment si rien ne bouge. Il n'y a aucun scénario de sortie paisible qui peut se faire si le gouvernement ne remet pas l'ouvrage sur le métier. Si ça sort avec une décision démocratique du Parlement, mais avec les artifices constitutionnels dont j'ai parlé, on le paiera très cher démocratiquement. » Il a tout vu. Tout.

Comme le secrétaire général de la CFDT l'avait anticipé, les manifs du 31 sont encore plus massives. Dans le carré de tête, Laurent Berger lance : « J'ose dire qu'aujourd'hui 31 janvier on a une des plus grosses manifestations qui soit organisée depuis des dizaines d'années. Eh bien, faut que le gouvernement entende. » À côté de lui, Philippe Martinez sort sa liste : « Niort, 2 000 de plus que le 19 janvier, Abbeville, 500 de plus, Compiègne, 3 000 de plus. » Pour la CGT, 2 800 000 personnes ont défilé dans toute la France (500 000 à Paris). Pour le ministère de l'Intérieur, c'est 1 272 000 (87 000 à Paris). Les syndicats ont gagné leur pari. Le pays est avec eux. Contre les soixante-quatre ans. Pour le patron de la CFDT, « la vraie certitude que ça va durer, que c'est ancré, que la bataille de l'opinion est gagnée, c'est ce jour-là. On sait que quelque chose de très profond se passe dans le pays ». L'intersyndicale rythme le mouvement. Et marque les esprits. Après des années où les protestations, au moins à Paris, finissaient dans la violence, le calme et l'ambiance joyeuse frappent. Rassurent les syndicalistes. « Il y a une très bonne ambiance, un côté festif et déterminé. Il y a de la bonne humeur. Militer, c'est ça. Militer, c'est pas chiant ! » analyse Philippe Martinez. Il aime bien regarder les pancartes faites à la main. « Il y a une créativité impressionnante des gens en colère. » Il a beaucoup remonté les cortèges de la CGT, discuté avec des manifestants. « Parfois, des gens s'excusent de ne pouvoir venir et nous disent : “Vous inquiétez pas, on sera là la prochaine fois.” Il y a des choses surprenantes, qui rendent optimiste. Des groupes de cinq, six, qui n'ont jamais vu de syndicats et qui viennent nous voir : “Nous, on veut en jouer”, comme on dit. Des questions qui ne se posaient pas il y a vingt ou trente ans, des gens qui demandent : “Comment on fait pour faire grève ?” C'est incroyable. Mais c'est la réalité du monde du travail aujourd'hui. Le rythme qu'on a impulsé avec les manifs en semaine et le samedi fait qu'il y a une diversité de population. » Car l'intersyndicale a innové. En manifestant le samedi. Une idée de Laurent Berger que tous ont acceptée. « C'est toujours magique, les manifs du samedi, parce qu'on peut y venir en famille, parce qu'on rencontre des gens qu'on n'imaginait pas. Ça permet à ceux qui ne peuvent pas perdre un jour de boulot de venir. C'est sympa, bon enfant », raconte le leader de la CFDT, qui a beaucoup défilé avec ses parents quand il était petit. Les défilés sont calmes, joyeux. Ça lui plaît. « Les manifs sont super sympas. D'abord parce qu'on est dans une période post-Covid. C'est d'ailleurs ce qui n'a pas été compris dans l'élaboration de cette réforme. Ça recrée une forme de sociabilité, de militantisme collectif. C'est un formidable moment de démocratie collective, de respect, de dignité. » Manifester en famille, c'est dans l'imaginaire collectif la marque des grands mouvements sociaux. « On retrouve les manifs familiales, ou on en a discuté à table le week-end d'avant, parce qu'on a fait le repas de famille et on s'est dit : "La semaine prochaine, on va tous à la manif." Je ne sais pas si on peut comparer à 1936 ou 1968, mais c'est l'image qu'on peut en avoir, comprend le patron de la CGT. Je pense que dans la population ces moments de convivialité et de fraternité, ça manque beaucoup. » Fraternité contre individualisme, c'est aussi ce qui s'est joué dans la rue pendant toutes ces semaines.

8

Deux copains

La fraternité des luttes. Celle de l'amitié aussi. Parce que c'était eux. Tout simplement. Parce qu'ils se connaissaient depuis longtemps, s'appréciaient depuis des années. Et parce que quelque chose de plus personnel s'est noué, ces derniers mois. « Si le destin le veut, la postérité, sois-en sûr, portera nos deux noms sur la liste des amis célèbres », écrivait dans un long poème en latin La Boétie à Montaigne. En écho à son ami, qui résumait leur relation si particulière par ce fameux : « Parce que c'était lui. Parce que c'était moi. » On ne sait pas si la postérité portera les noms de Laurent Berger et Philippe Martinez sur la liste des amis célèbres. Elle devrait. On est sûr qu'elle les portera sur la liste des leaders de mouvement. Le patron de la CFDT et celui de la CGT ont incarné, presque à eux seuls, cette « intersyndicale » qui a mené la bataille. Un duo de syndicalistes. L'un réformiste, l'autre révolutionnaire, si on voulait les caricaturer. La vérité est plus simple : « Laurent » et « Philippe » sont deux copains. Deux complices qui se fêtent leurs anniversaires, se chambrent par texto régulièrement, se racontent leurs vies, s'amusent, boivent des cafés ensemble de temps en temps. C'est à rebours de l'histoire de leurs organisations syndicales, mais ils s'en moquent. « Laurent peut être mon ami et j'emmerde tous ceux qui me diraient, m'ont dit, me disent encore, qu'il n'était pas fréquentable ou qu'il ne fallait pas le fréquenter. Quand on atteint le stade où on a des conversations plus personnelles, on emmerde tous ceux qui essaient de nous dicter nos conduites », avoue, en se marrant, Philippe Martinez. « J'ai de l'amitié pour Philippe, je l'assume. Et je me fous de ce que pensent les autres », balance en écho Laurent Berger. Ils l'assument. La CFDT et la CGT se sont longtemps affrontées. La CFDT a piqué la place de numéro un à la CGT, sous les mandats de Laurent Berger. La CGT a longtemps vu dans la CFDT une organisation trop molle, trop proche des pouvoirs. La CFDT a longtemps vu dans la CGT une organisation d'opposants à tout, tout le temps. Aux uns la signature des accords, aux autres la rue et les manifs. La répartition semblait faite. Mais eux se sont découverts au fil des années. Découverts dans l'opposition à Emmanuel Macron. Découverts dans le combat contre l'extrême droite. Découverts dans la bataille des retraites.

On demande à Philippe Martinez de définir ses relations avec Laurent Berger. « Ce sont des relations qui ont toujours été saines, j'en suis sûr, franches, sincères. Mais depuis septembre dernier, on a franchi un cap dans la confiance, dans des relations plus personnelles. » Septembre, c'est le début de l'intersyndicale, le début d'une histoire sociale forte, menée à plusieurs. Dirigée par eux deux. « La bataille nous a rapprochés. On s'est vu plus souvent sur un sujet sur lequel on était d'accord, sur lequel on avait beaucoup discuté. Ça a aidé à ce qu'on fasse plus ample connaissance, si je puis dire », sourit-il. « Avant, ce n'était pas aussi franc, pas aussi personnel. Dans la dernière période, on s'est beaucoup vu, très souvent. On ne s'est jamais vu autant. Vu, échangé, téléphoné. On s'est envoyé beaucoup de SMS », détaille le CGTiste. Pour le secrétaire général de la CFDT, « notre relation humaine avec Philippe a toujours été correcte. On a toujours su ce qui nous rapprochait, une vraie perception du monde du travail, un attachement au monde du travail, au travail. On se connaissait, on s'appréciait, au sens où on savait qui était l'autre. On avait du respect l'un pour l'autre et, du coup, c'est vrai qu'après on a mené naturellement ensemble ce mouvement ». Dès le 10 janvier, quand les syndicats unis font une conférence de presse commune pour réagir à l'annonce de la réforme des retraites et lancer la première journée de mobilisation, le patron de la CGT dit, devant tous les autres, à celui de la

CFDT : « Vas-y, Laurent. C'est toi qui lis le communiqué, c'est normal, c'est l'organisation numéro un. » « Avec Philippe, on partage une vision du travail. C'est un syndicaliste. Il est courageux. Le fait de me laisser le leadership d'une certaine manière, le 10, c'est courageux, appuie Laurent Berger. Et après, tout a été simple. » Simple comme deux copains. Avant la bataille des retraites, la lutte contre l'extrême droite les avait déjà unis. « On a en commun un rejet très fort de l'extrême droite. J'avais coutume de dire que Philippe, le jour où ça tourne mal, je sais qu'il sera du bon côté. Je pense qu'il pense la même chose de moi », témoigne Berger. « Ça fait partie de nos convictions communes, sur lesquelles on ne mégote pas, on ne discute pas », raconte Martinez. Ils ont signé une tribune ensemble en 2022 pour appeler à voter contre Marine Le Pen. « Ça a été facile à faire. On s'est vite mis d'accord à deux, trois mots près sur ce qu'il fallait écrire, se souvient le patron de la CGT. Si on avait été opportunistes et l'un et l'autre, on n'aurait pas signé cette tribune ensemble. » Ils ne sont pas opportunistes. Ils croient en ce qu'ils font. Ils mènent des combats.

Ils ont mené celui contre les soixante-quatre ans ensemble. Ils ont passé plein de temps en manif ensemble. Pas que pour se marrer ou régler les problèmes de la conduite du mouvement. Ils étaient tellement complices que *Libé* en a fait sa Une le 11 février. Une photo des deux amis, barrée d'un gros : « Lutte de miel. » « Ça nous a fait marrer. Pas que moi. Philippe aussi. On a passé un cap. Qu'on soit tous les deux en fin de parcours, ça a joué, avoue Laurent Berger. Il n'y a pas eu de guerre d'*ego*. La clé de la réussite, c'est qu'on ne s'est pas “tiré la bourre”. » « Ça a joué qu'on parte tous les deux. On était plus détendu, moins dans une posture, abonde Philippe Martinez. Ça a permis de se détendre. » Tous les deux sont pudiques. Ils n'aiment pas trop se dévoiler. Mais Laurent Berger m'a toujours parlé de Philippe Martinez comme d'un « ami », un « ami » dont il aime prendre des nouvelles, avec qui il aime se marrer. « On a franchi un cap. On n'est pas loin de l'amitié. J'ai toujours du mal à définir ce qu'est un ami mais oui, on n'est pas loin de ça, avoue Philippe Martinez. On a dépassé la posture de nos responsabilités. On a des conversations sur plein de sujets, sur nos vies personnelles. Quand on atteint ce stade, on n'est pas loin de l'amitié, oui. »

Portrait croisé. Berger par Martinez. « Les qualités de Laurent ? Il a des convictions sur le syndicalisme, qu'il défend, c'est important, même si on n'est pas d'accord sur tout. C'est plus facile à cerner que quelqu'un qui serait opportuniste et qui changerait d'avis en fonction de la personne avec laquelle il discute. Il est sincère et franc. En tout cas avec moi. Il a un petit défaut, qui peut être une qualité, c'est un timide. Au début, comme il m'arrive de déconner, il se demandait si c'était du lard ou du cochon. Et dans la dernière période, on s'envoyait des vannes sans cesse. » Martinez par Berger. « Il est sincère, sympa dans la relation interpersonnelle, avec des valeurs humanistes très ancrées. Il est respectueux et il est souvent drôle. Et il aime les travailleurs On a tous les deux sillonné les départements à la rencontre des équipes syndicales. Un défaut : parfois il surjoue son côté bougon. » Ils ne sont pas près d'oublier ces mois passés ensemble à diriger le plus gros mouvement depuis Mai 68. Laurent Berger et Philippe Martinez vont entrer ensemble dans les livres d'histoire. Leur duo restera dans l'imaginaire social. Laurent Berger en convient : « Pour une fin de mandat de tous les deux, c'est assez magique de vivre des moments comme ça. » Magique comme l'amitié.

9

Un homme seul

Seul face à deux complices. Seul face à huit syndicats. Seul face à une opinion qui ne bougera jamais. Seul face à des millions de manifestants. Seul face à son peuple. Le pouvoir isole. Mais c'est plus profond. Seul face au reste du monde. C'est au fond ce qu'Emmanuel Macron préfère. Les partis, les bandes, les syndicats, la foule, il n'aime pas. Il n'a jamais aimé. La solitude lui plaît. La solitude le rassure. C'est sa manière d'être au monde. « Il n'a pas du tout la culture du collectif. C'est une perte de temps. Ça finit par de l'eau tiède. Il déteste », témoigne un intime. Il n'a pas besoin des autres pour se rassurer. Il n'a pas besoin de se rassurer. Il ne doute jamais. Entre le Président et les syndicats, l'histoire avait mal commencé. Elle n'a fait que se dégrader. La bataille des retraites fut l'apothéose.

Rien ne l'a fait dévier. Il connaît pourtant ses classiques. En France, la division syndicale est un impensé. « Là, c'était assez unique, admire Philippe Martinez. Quand tous les syndicats disent la même chose, ça devrait déboucher les oreilles du président de la République. Eh bien, non. Il dit : "J'ai raison. Je veux bien que vous parliez, mais à la fin, comme j'ai raison, je décide. Je fais ce que j'ai envie de faire." » Le patron de la CGT n'a aucun doute : « Sa méthode, c'est d'ignorer les syndicats parce qu'il considère que nous ne servons à rien. » À rien. Ou presque. À rien. Ou à beaucoup. Emmanuel Macron les pensait morts. Il les a ressuscités. « Les syndicats ont retrouvé leur centralité dans le monde du travail, analyse Laurent Berger. L'idée qu'on ne sert à rien, qu'on est mort, tout ça, c'est fini. Il n'y a plus "le Président face au peuple". Il y a des corps intermédiaires, des syndicats qui tiennent leur rôle, qui sont forts. » C'est leur revanche. Celle d'une intersyndicale soudée comme jamais face à un président isolé comme jamais. « Il a une conception assez solitaire de l'exercice du pouvoir. Le Président est très brillant, mais il pense qu'on est parfois plus intelligent tout seul qu'à plusieurs », témoigne Laurent Berger. Il poursuit : « C'est quelqu'un avec qui il est difficile d'acter un compromis ou une co-construction. Il a une conception de la société civile qui est assez : "Je vous écoute et je fais ce que j'ai décidé de faire." » Individualisme ou sens du collectif ? La divergence était actée. Le conflit contre les soixante-quatre ans l'a exacerbée. Lui contre des millions. Lui sourd face à des millions. « Macron, c'est : "J'ai raison. Je suis tout seul à avoir raison. Je vais vous expliquer ce qui est bon pour vous." Avec derrière l'idée : "Moi, quand je décide quelque chose, je vais jusqu'au bout", observe Philippe Martinez. Pour un président, c'est jouer avec le feu. Sa réforme fait l'unanimité ou presque contre elle. Mais il n'écoute pas. »

Elle le connaît bien. Elle a été sa ministre du Travail pendant trois ans. Elle connaît tous les partenaires sociaux. On demande à Muriel Pénicaud quelle est la conception présidentielle du dialogue social. Il faut écouter les mots qu'elle choisit. « Je ne sais pas exactement dire quelle est sa conception de la démocratie sociale. » Elle ne sait pas exactement. Ou elle sait très bien et ne peut le dire. Elle se lance : « Il a envie d'un contact direct avec le peuple. On peut appeler ça esprit gaullien si on veut. Mais ça peut être perçu aussi comme un court-circuit par rapport à ceux qui représentent les salariés. Je pense que c'est nécessaire dans son esprit. Je ne suis pas sûr que ce soit vital. » Nécessaire *vs* vital. C'est dit. Ça s'est vu cet hiver et ce printemps 2023.

Un ancien conseiller élyséen abonde : « Il aime la République contractuelle, mais en même temps la République contractuelle en France, ça prend du temps. Ça le fait chier. » Ça s'est vu.

Le mouvement social le plus ample depuis 1968 est tombé sur le président sans doute le moins armé pour l'affronter. Le président qui se méfiait le plus des syndicats. Le président qui n'avait plus envie de discuter avec Laurent Berger. « Il a cru que c'était un conflit comme les autres, décrypte François Hollande. Il n'a pas compris que c'était un conflit dirigé par la CFDT et que ça changeait tout. » Ça changeait tout.

Le mouvement commençait à peine. Nul ne pensait qu'il durerait si longtemps. Laurent Berger était dans son bureau. La conversation coulait. L'humeur était au bilan. Que restera-t-il d'Emmanuel Macron ? « Il restera un coup politique extraordinaire. Il restera une volonté européenne. Il restera une vraie conception libérale de l'économie. Il restera, je l'espère, un taux de chômage bas. Il restera une déception sur les questions sociales et sociétales. » Une déception sociale. Elle était déjà là. Elle est là. Elle sera là.

10

La rue et la loi

« Et la rue ? Elle est à qui ? Elle est à nous ! » Ce slogan est un classique des manifestations. Il a évidemment résonné, cet hiver 2023. La rue, elle était bien à eux. La rue, elle était dirigée par l'intersyndicale. Dans la rue, les politiques défilaient en queue de cortège. C'était la règle. C'est la règle habituelle. Celle qui respecte l'indépendance des organisations syndicales. Le seul qui n'a pas le droit de défiler, c'est le Rassemblement national. La rue syndicale est bien le dernier espace où le cordon sanitaire est encore étanche. Les politiques, eux, s'occupaient du… débat politique. Là, du débat parlementaire. Aux uns la rue, aux autres l'Assemblée. Chacun son terrain. Jusqu'à ce qu'un grain de sable vienne gripper cette belle théorie. Car que faire quand un mouvement a comme mot d'ordre le retrait d'une réforme et que cette réforme n'est pas soumise au vote ? Comment obtenir la fin de la retraite à soixante-quatre ans quand le Président ne veut pas la supprimer et que les députés n'ont pas le temps de l'examiner ? Dilemme syndical.

Laurent Berger et Philippe Martinez vont le résoudre assez vite. En intervenant dans le débat. « Ce qu'on attend des députés, ce qui devrait être leur rôle premier, c'est qu'il y ait débat, délibération, confrontation des points de vue et vote », raconte Laurent Berger. Et puisque le cœur de la réforme, c'est le recul de l'âge légal, vote en particulier sur l'article qui acte ce passage à soixante-quatre ans. « On a toujours souhaité que les députés puissent voter cet article 7 parce que ça aurait été juge de paix d'une certaine manière. Et on savait, en discutant, en faisant notre travail auprès des parlementaires, que le vote était loin d'être assuré sur cet article. »

Philippe Martinez ne dit pas autre chose : « Il suffit de regarder les pancartes dans les manifs, le chiffre qu'on voit le plus, c'est soixante-quatre. Et qu'on ne puisse pas voter, qu'il n'y ait pas de discussion autour de cette question des soixante-quatre ans, de cette question de travailler plus longtemps, interroge. Ce n'est pas normal. » Les syndicalistes exhortent les députés à soumettre au vote cet article. Ils leur écrivent, les appellent. Demandent à ceux qu'ils connaissent de tout faire pour que l'article 7 soit examiné. Mais rien ne se passe comme ils l'ont prévu. À cause de Jean-Luc Mélenchon.

11

La stratégie Mélenchon

Il ne laisse jamais rien au hasard. Avec lui, c'est la théorisation permanente. Un pied dedans, un pied dehors. La stratégie du chaos. Le bruit et la fureur. L'ère du peuple. Jean-Luc Mélenchon observe le monde en créant des concepts. Il analyse ce qu'il voit et ensuite il agit. Il n'a pas été trotskiste pour rien. Les manifs, c'est sa vie. Ce qu'il préfère. Les « mouv », il adore. Les regarder. Y participer. Écrire sur eux. En tirer des concepts. Depuis des mois, il remet à jour sa bible sur les révolutions citoyennes. Alors, évidemment, cette bataille des retraites, il n'allait pas la laisser passer. Pas la laisser lui échapper. Il fallait qu'il y trouve sa place. La rue, ce n'est pas lui qui l'a dirigée. C'est l'intersyndicale qui menait le mouvement, imposait son rythme, décidait de ses journées de manifestations, choisissait de passer à la vitesse supérieure, scandait les étapes. Il a bien essayé au début de gonfler une marche organisée par des organisations de jeunesse, mais les syndicats lui ont logiquement grillé la politesse, en défilant pour la première fois deux jours avant les Insoumis et les jeunes. Entre Mélenchon et les syndicats, rien n'est jamais simple. Entre lui et Martinez, tout est toujours compliqué. Depuis longtemps. « Il sera resté une énigme pendant tout son mandat », euphémise l'Insoumis. L'ancien candidat reproche au leader de la CGT de ne pas avoir assez mené la bataille contre les ordonnances Travail, d'être resté « muet » pendant ses campagnes présidentielles, de ne pas avoir éclairé ses adhérents en indiquant quels candidats répondaient à ses revendications. Les Insoumis sont très présents dans la CGT, même s'ils n'y sont pas en tant qu'Insoumis, indépendance syndicale oblige. Martinez, lui, reproche au leader de LFI de ne pas aider les mouvements sociaux en voulant les diriger, d'organiser des marches, de ne pas laisser les syndicats décider seuls. Il a bien vu aussi que, dans son organisation, les militants de cette mouvance étaient plutôt dans son opposition. Quand la bataille des retraites est lancée, cela fait des mois que Mélenchon et Martinez ne se parlent plus. Avec Laurent Berger, Mélenchon avait de meilleures relations. Pendant la campagne des élections législatives 2022, quand l'Insoumis se préparait à être Premier ministre, il a parlé avec le leader réformiste. Mais pendant ce conflit des retraites, ils n'ont guère débattu. Mélenchon a préféré discuter avec Frédéric Souillot, le secrétaire général de FO, avec les dirigeants de Solidaires ou ceux de la FSU. Même si ses relations avec les leaders syndicaux peuvent être rugueuses, Mélenchon a appelé sans cesse à participer aux manifs et à amplifier la lutte. Ses troupes ont lancé des caisses de solidarité, prêté main-forte aux grévistes, soutenu les gardés-à-vue dans les commissariats. Dans la rue, ils étaient – comme tous les politiques – derrière l'intersyndicale, donc.

Le terrain de jeu des Insoumis, celui qu'ils ont pu diriger, ce fut donc l'Assemblée. Pour comprendre ce que le leader des Insoumis et ses troupes ont fait pendant des jours dans l'hémicycle, pourquoi ils ont déposé vingt mille amendements, multiplié les rappels au règlement, chanté « on est là », crié et même insulté le ministre du Travail, il faut faire un saut en arrière. « Tout le monde semble avoir oublié qu'il y a déjà eu une bataille des retraites avec M. Macron en 2019 », commence Jean-Luc Mélenchon, heureux de dévoiler sa stratégie. À l'époque, il est député de Marseille, président d'un groupe de dix-sept Insoumis. Le front syndical est divisé – la CFDT est favorable à la réforme à points. « On s'est dit : "Donnons du temps au temps." Plus on maintiendra le texte dans l'Assemblée par des amendements, plus ça va faire parler, plus ça va donner du temps aux secteurs syndicaux les plus avancés de se regrouper, de commencer à se mettre en action. Donc, fondamentalement, l'idée, c'est que le Parlement soit un lieu d'agitation, un miroir de ce qui se passerait dans la société. C'était la première fois qu'on mettait au point une tactique qui combinait le Parlement et la rue », explique l'ancien candidat à la présidentielle. Pour lui, l'utilisation du 49.3 par Édouard Philippe pour faire adopter cette première réforme des retraites est « une victoire ».

Cette fois-ci, Mélenchon n'est plus député. Mais toujours stratège. La bataille sociale est différente. « Pour la première fois, il y a unité syndicale et ça change tout. » Avant de se lancer dans ce que le ministre de l'Intérieur appellera la « bordélisation », Mélenchon et les siens « évaluent ce qu'il peut se produire quand la bataille commence. Naturellement, il ne peut être question de collaborer. Le Président tend un piège. Il décide de faire passer ce débat dans une durée déterminée. On trouve la parade. La parade, c'est qu'il faut que le texte sorte de l'Assemblée nationale sans vote ». Il l'avoue, ne s'en cache pas. Il ne veut pas que cette réforme ait la moindre légitimité démocratique. « Aussi longtemps qu'il n'y a pas de décision prise, la lutte va. Le cap est fixé. » Tel est son but. Rien ne le fera dévier.

Rien ne le fera dévier non plus d'une « totale solidarité personnelle » avec les députés Insoumis qui ont électrisé le débat parlementaire. Le 10 février, en revenant d'un rassemblement d'inspecteurs du travail,

Thomas Portes, ancien cheminot devenu député de Seine-Saint-Denis, tweete une photo de lui, ceint de son écharpe tricolore, le pied sur un ballon sur lequel est collé un portrait d'Olivier Dussopt. Scandale immédiat sur les bancs de l'Assemblée. « Des chamboule-tout, il y en a toutes les semaines, dans toutes les foires, partout, avec des portraits de toutes sortes, il y en a même avec ma tête. C'est normal, c'est la France, c'est comme ça. Portes n'y voit pas malice. Il joue au foot, puis il fait une photo pour mettre sur son tweet », justifie Mélenchon. Thomas Portes a été exclu quinze jours de l'Assemblée. « C'est un abus de pouvoir de la présidente de l'Assemblée. Ils en font des caisses là-dessus. Leur but est de nous discréditer. C'est un moment de la bataille. » Quelques jours plus tard, Aurélien Saintoul, agrégé de lettres et député des Hauts-de-Seine, interpelle le ministre du Travail sur le nombre de morts au travail. Il égrène les chiffres, montrant qu'il y a eu 33 % de plus de salariés morts dans des accidents du travail entre 2017 et 2019, soit au moment où, avec les ordonnances Travail, les comités d'hygiène, de sécurité et des conditions de travail ont disparu au profit des comités sociaux et économiques. Et Saintoul accuse Dussopt : « Vous êtes un imposteur et un assassin. » Stupeur dans l'hémicycle. Les groupes parlementaires s'indignent. Le député LFI s'excuse. Le ministre ne pardonne pas. « Ce n'est peut-être pas le meilleur mot. Franchement, on ne peut pas dire qu'on se sente extraordinairement inspiré d'avoir dit "assassin" puisque ça nous vaut une charge pareille. Mais il n'y avait pas de quoi en faire tant. Avez-vous oublié que Gaston Defferre a défié cinq ou six fois le président de l'Assemblée en duel ? J'ai été témoin d'un sénateur qui avait défié en duel un président de séance », balaie le coprésident de l'institut La-Boétie, qui se rassure en affirmant : « Ça n'a eu aucun impact sur nos bases. »

Les critiques contre « ces Insoumis qui sont vraiment insupportables », il s'en fout. Il a connu des luttes où les gens étaient résignés, fatalistes, avaient du mal à relever la tête. Ce qu'il voit à Marseille, où il a manifesté les premiers jours de mobilisation, ou à Paris parfois, ce que « les copains » lui transmettent par Telegram, c'est au contraire une fierté, une envie. « Là, la masse des gens est exaspérée. Les gens sont braves et prêts à faire des efforts, mais là, c'est deux ans. Des millions de gens savent qu'ils ne tiendront pas le coup jusqu'à soixante-quatre ans. Ça fait peur à tout le monde. Ce n'est pas si loin, la retraite à soixante ans. Les gens, là, ont envie qu'on leur dise pourquoi il faut tenir, scrogneugneu. C'est ce qui s'est passé avec le débat parlementaire. »

Alors, forcément, puisque tel était son but, et parce qu'il n'est jamais avare d'emphase, Mélenchon « considère comme un triomphe que le texte sorte de l'Assemblée nationale sans être adopté ». Pour lui, tout le temps qu'il reste (le débat au Sénat, la commission mixte paritaire, le retour à l'Assemblée) est « du temps de lutte, où il y a des raisons de lutter ».

Mais, avant le non-vote final, les syndicats sont venus gripper la stratégie insoumise. Sans que Mélenchon l'ait vu venir. « Tout à coup, on ne sait pas pourquoi, les leaders de l'intersyndicale commencent une pression sur nous pour qu'on vote à tout prix l'article 7, celui qui contient les soixante-quatre ans », se rappelle Mélenchon. « Au début, on dit : "Pourquoi vous êtes pressés qu'on vote ça ?" On ne comprend pas. Puis on explique qu'on n'est pas sûr de gagner, c'est même le contraire qui est plutôt sûr. » Mélenchon et ses amis ne cèdent pas aux demandes syndicales, refusent d'enlever leurs milliers d'amendements, contrairement aux socialistes, aux écologistes, aux communistes. « La pression sur nous a été terrible. Je n'ai toujours pas compris à l'heure où je vous parle à quoi correspond l'idée de voter l'article 7, maintient Mélenchon. Ça revenait à dire que nous étions minoritaires et des millions de gens auraient reçu ça comme une douche froide. » Puis il prend son sourire malicieux. Lance comme un vieux sage, racontant une bonne histoire : « Sur ce fameux article 7 – je ne veux pas non plus maintenant tout d'un coup révéler des secrets qui doivent rester enfouis dans les profondeurs de l'histoire – mais à part la CFDT, plus exactement à part Laurent

Berger et Philippe Martinez, personne d'autre ne s'est adressé à moi ou à la présidente du groupe ou au coordinateur du mouvement pour nous demander de faire voter. Personne. Donc, j'ai pris la chose assez benoîtement. » À part Laurent Berger et Philippe Martinez. Ceux qui l'ont critiqué publiquement. Les mots sont choisis. Pour enfoncer un coin dans l'intersyndicale. En passant. La vengeance est un plat qui se mange froid. « Oui, on le lui a demandé. C'est bien qu'il le dise. Ça aurait été mieux qu'il le fasse », assène Laurent Berger. Pour Mélenchon, l'essentiel est ailleurs. Dans sa stratégie globale. Celle d'empêcher un vote. Quoi qu'en aient pensé la CFDT et la CGT. « Quand le texte sort sans vote de l'Assemblée nationale, on sait qu'on va être à un tournant de la lutte. » Comme une leçon dans la conduite d'un mouvement. Il ne changera jamais.

12

La stratégie Le Pen

S'opposer. Fermement. Tranquillement. Se faire entendre. Sans faire trop de bruit. Diriger un groupe de quatre-vingt-neuf députés. Sans trébucher. Soutenir un mouvement social. Sans y participer. Un mouvement dirigé par une intersyndicale qui ne veut pas entendre parler d'elle. Qui a appelé à voter contre elle. Et, pourtant, en sortir renforcée. Depuis des semaines, Marine Le Pen est sur une ligne de crête. Elle a tenu. Avec quelques principes simples. Elle a accepté de se livrer. Elle est assise dans son grand bureau de présidente de groupe, à l'Assemblée nationale. Derrière elle, trois drapeaux français. Elle soigne son image. La retraite ? « Ce n'est pas uniquement une question budgétaire », mais « un choix de société ». « Dans quelles conditions on veut que nos aînés puissent vivre à l'issue de leur vie professionnelle ? » se demande-t-elle. La retraite à soixante-quatre ans ? Elle a toujours été contre. C'est « une réforme injuste ». Elle a fait campagne pour la retraite à soixante ans pour ceux qui ont commencé à travailler avant vingt ans et pour la retraite à soixante-deux ans maximum (avec quarante-deux années de cotisation) pour les autres. La rue, ce n'est pas son terrain. Elle ne manifeste pas. Les syndicats ne veulent pas d'elle, de toute façon. Faire contre mauvaise fortune bon cœur. Elle a théorisé sa bataille des retraites. « Je pense que l'ensemble des combats qui sont menés sur des théâtres d'opérations différents doivent se conjuguer. Ils doivent s'additionner et pas se cannibaliser les uns les autres. » Elle est une générale. Laurent Berger et Philippe Martinez sont des généraux. Chacun son « théâtre d'opérations ». À eux, la rue. À elle et à ses troupes, « le combat à l'Assemblée nationale, puisque c'est là que les Français nous ont envoyés ». Elle avait prévenu : « On ne manifestera pas. On ne fera pas d'obstruction. »

À l'Assemblée, pendant la bataille parlementaire, elle a été l'anti-Mélenchon. L'anti-LFI. Sa stratégie était simple : faire l'exact inverse. Non pas soutenir le texte du gouvernement. Mais déposer quelques amendements. Choisir de voter contre la réforme. Mais sans « bordéliser », sans faire de l'obstruction. Son but ? « On voulait voter. » Simplement voter. « J'ai toujours été convaincue qu'il n'y avait pas de majorité sur ce texte-là. Contrairement au gouvernement qui s'est leurré ou a été leurré par les Républicains. Je voulais que nous allions au vote. Et pour aller au vote, il fallait déposer des amendements, ce que nous avons fait. Mais pas faire une obstruction qui empêcherait d'aller, je ne parle pas du vote final, mais au moins au vote de l'article 7. » Celui sur les soixante-quatre ans. Ils ne l'ont pas appelée. Ils ne lui parlent pas. Mais elle avait le même objectif que les syndicats. Comme eux. Comme le gouvernement. Elle a dénoncé les excès des Insoumis. Quand l'un d'entre eux a traité le ministre du Travail d'« assassin », elle a immédiatement soutenu Olivier Dussopt. En retour, le pouvoir a loué son « attitude républicaine ». Pendant ce débat parlementaire, il lui a suffi de ne pas faire de bruit pour se banaliser. Se normaliser. Se dédiaboliser.

Pendant cette bataille des retraites, elle a fait plus. Elle s'est posée en anti-Macron. En miroir inversé du Président. Il s'est brouillé avec les syndicats ? Elle veut se réconcilier. Apaiser. Pour saisir la confusion de l'époque, son étrangeté, il faut parler avec elle. Lui poser des questions. Et écouter ses réponses. Les écouter attentivement. Faire attention aux mots qu'elle choisit. Bien sûr, Marine Le Pen est une femme politique, elle fait des calculs. Elle ruse. Elle cherche des voix. Mais comme tous les autres. On lui demande d'analyser ce conflit social, de raconter ce qu'elle a compris de cette colère. « C'est un mouvement social autonome. » Pas dirigé par des politiques, pas par l'extrême gauche. Dirigé par des syndicats qui ont « plutôt bien géré leurs manifs ». Marine Le Pen salue le rôle des syndicats, qui « devraient être plus puissants qu'ils ne sont. Je pense que s'il n'y avait pas de syndicats, on s'en porterait plus mal. ». Elle sourit : « Je le dis avec d'autant plus de tranquillité qu'ils ont tous appelé à voter Macron, donc je n'ai pas trop de problèmes. Je ne leur dois rien. » Elle ne leur doit rien. Elle peut se donner le beau rôle. Elle peut dire que le Président aurait dû discuter avec eux. Elle peut dire que si elle était présidente, elle commencerait par « une grande conférence sociale ». Elle dit toujours qu'elle voudrait « libérer les syndicats, faire en sorte que chacun puisse créer un syndicat ». Elle ouvre la voie aux syndicats corporatistes, aux syndicats des petits patrons, etc. La CFDT et la CGT ont appelé à voter contre elle. Elle ne l'oublie pas. « Quand on entend des syndicats appeler à voter pour ou contre tel ou tel, je pense qu'ils se trompent. Et d'ailleurs ils se trompent. Ils créent les conditions d'un conflit au sein de leur propre syndicat. Je rappelle qu'il y a évidemment des adhérents de la CGT qui votent pour moi. Il y en a même de FO. C'est comme ça. » Elle ne dit pas « de la CFDT ». Elle va plus loin. « Un syndicat n'est pas là pour faire de la politique. Un syndicat est là pour défendre des salariés. » Elle les défend. Mais leur dit quoi faire.

Elle promeut aussi une anti-méthode face au Président. Le recours au référendum. « À partir du moment où il s'agit d'aggraver la situation des Français – si on l'améliore, je pense qu'il n'y a pas de difficulté –, on doit avoir leur accord. Et donc ça passe par l'organisation d'un référendum. Je rappelle que, dans la Constitution, nous sommes une République sociale, une République qui se doit de tenir compte des situations des plus faibles, qui se doit d'être protectrice des plus faibles, attentive à eux. Aujourd'hui, elle ne l'est plus. » Le mouvement social court depuis des mois. Le Président est resté sourd aux manifestants, aux syndicats. Il n'a pas bougé. On est face à elle. Marine Le Pen défend la République sociale. Vertigineux. Elle n'attend « rien, absolument rien » de ce président qu'elle a déjà affronté deux fois. « Il n'est pas disruptif. Il est juste choquant. Il existe par le fait de susciter l'indignation, de blesser. » Elle sourit : « On n'attend rien. On attend juste que le temps passe. Pas trop lentement, quoi. » Encore quatre ans.

13

Le mythe de la grève générale

Marquer les esprits. Montrer sa force. S'en donner. Impressionner. Avant la bataille. Avant la grève. Avant les blocages. Le grand patio du siège de la CGT, à Montreuil, est rouge de monde. Des cheminots, des électriciens, des raffineurs, des dockers. Des durs. Et les patrons de leurs puissantes fédérations. Si le pays doit être bloqué, si la France doit être à l'arrêt, comme l'a promis l'intersyndicale pour le 7 mars, c'est en partie sur eux qu'il faut compter. Ils le savent. Ils en jouent. Ils ont conscience que les images vont faire le tour des télévisions. Ils se galvanisent. Ils chantent : « Emmanuel Macron, si tu continues, il va faire tout noir chez toi. » Ou : « Emmanuel Macron, si tu continues, le train va passer sur toi. » Au micro, le patron de la CGT Mines-Énergie, Sébastien Menesplier, promet « une semaine noire dans l'énergie ». En conférence de presse, quelques minutes plus tard, Emmanuel Lépine, celui de la Fédération des industries chimiques, qui peut bloquer les raffineries, prévient : « La situation va évoluer dans les jours et les semaines qui viennent. Je ne sais pas quand est-ce que ce mouvement va s'arrêter. Le but partout, c'est de désorganiser au maximum la production. » Puis, s'interrogeant lui-même, il balance : « Si la question, c'est de savoir si on veut mettre à genoux l'économie française, la réponse, elle est oui. » Mettre l'économie à genoux, le slogan claque. Il va au-delà du mot d'ordre de l'intersyndicale. Le spectre de la grève générale est dans toutes les têtes. Le mythe de la grève générale plane sur cette bataille des retraites. Pour la première fois depuis le début. Le mot d'ordre n'a jamais été lancé. Les syndicats ont fait attention. Très attention. Tous.

Philippe Martinez ne s'en cache pas. La grève, c'est l'histoire de la CGT. Son mode d'action. « Pour la CGT, on n'a jamais caché l'idée qu'il fallait passer à un cran supérieur. » Passer à un cran supérieur pour se faire entendre. Obtenir le retrait de la réforme. « Au bout de cinq journées de mobilisation, qui ont recueilli en tout des millions de personnes et un gouvernement et un président qui dit qu'il n'en a rien à faire, on s'est dit qu'il fallait passer… » Il ne finit pas sa phrase. On a compris. À FO, aussi, on prépare activement la journée du 7 mars. Son secrétaire général, Frédéric Souillot, raconte : « La dernière fois qu'il y a eu un mot d'ordre de grève générale, c'était en 1913. Ça ne se décrète pas. » Ils ne l'ont pas décrétée. D'en haut. Depuis leurs bureaux. Mais il s'agit bien pour les salariés de se mettre en grève. Partout où ils le peuvent. Alors que l'inflation n'en finit pas de grimper. « C'est dur. Mais la grève, c'est le seul moyen qu'ont les travailleurs pour imposer le rapport de force qui permet de faire entendre leurs revendications. » C'est Laurent Berger qui a trouvé les mots pour dire cette vitesse supérieure, cette grève qui n'est pas générale mais qui doit marquer les esprits, ces mobilisations qui doivent essayer de faire reculer le pouvoir. Les manifs, les mouvements sociaux, il connaît. Depuis toujours ou presque. C'est son histoire. Celle de sa famille. « La France à l'arrêt, le 7 mars ? C'est pour être franc, un vieux souvenir que j'ai enfant. J'étais à l'école primaire. C'est Saint-Nazaire ville morte, au moment où il y avait de gros problèmes d'emploi. » Une journée morte à l'appel de toutes les organisations syndicales. Déjà. L'enfance structure. Les destins se scellent très tôt. « Je me rappelle avoir passé la journée avec mes parents à bloquer un rond-point ou à faire du barrage filtrant sur un rond-point. C'était ça un peu l'idée. » Bloquer le pays. Montrer la force tranquille de l'opposition aux soixante-quatre ans. « Ce n'était pas la grève générale. Pour une raison simple, c'est que la grève générale ne se décrète pas. C'est un vieux mythe, un vieux fantasme de quelques-uns. Il suffirait que toutes les directions syndicales appellent à la grève générale pour que ça arrive. Ça ne fonctionne pas comme ça. » Il n'a pas le bouton magique. Il n'y a pas de bouton magique.

Seulement une volonté. Et un mot d'ordre. Ce 7 mars, partout en France, il y a eu du monde, beaucoup de monde. La plus grosse mobilisation sociale depuis des décennies. Pas seulement pour les syndicats (3 500 000 personnes, dont 700 000 à Paris). Même pour le ministère de l'Intérieur (1 280 000 personnes, dont 93 000 à Paris). Au milieu des militants CFDT, Laurent Berger analysait : « C'est la manifestation d'un rejet profond de cette réforme et donc d'une forme d'expression démocratique du monde du travail qui ne trouve pas d'écho. » Un mouvement fort. Sans écho du pouvoir. « La suite est entre les mains du gouvernement. Le Président est-il capable d'entendre qu'il y a un problème, que sa réforme ne passe pas, dans l'opinion, dans le monde du travail ? » Berger ne présage pas de la réponse. Il tient son rôle de leader syndical. Il dirige un mouvement. Il ne veut pas l'emmener dans le mur. Il ne lâche rien. Des manifestants plus nombreux que jamais. Des raffineries bloquées. Des sites stratégiques de maintenance des centrales bloquées. Des routiers en grève. Des éboueurs aussi qui commencent à Paris, Montpellier, Le Havre une grève « jusqu'au retrait de la réforme ». Bientôt, les poubelles débordent, s'accumulent sur les trottoirs parisiens. Bientôt, l'éboueur devient le visage de cette opposition aux soixante-quatre ans. Le pouvoir a eu peur le 7 mars. Ils se sont empressés de minimiser, d'ironiser sur ce pays pas vraiment à l'arrêt. « Il y a eu la polémique "la France n'a pas vraiment été à l'arrêt" et tout ça, balaie Laurent Berger. La France a été très ralentie. Il y a eu surtout la plus grande mobilisation sociale depuis Mai 68. »

Mai 68, c'était sa grève. Celle de sa génération. De son milieu aussi. Annie Ernaux a fait grève pendant ce joli mois de mai. Elle n'était pas encore écrivaine. Mais déjà engagée. Conscientisée. Par sa classe. Sa condition. Une fille du peuple. Une enfant de ce monde ouvrier qui travaille dur. Elle n'a jamais oublié d'où elle vient. Elle l'écrit magnifiquement. Ses livres, c'est sa vie. Sa vie, c'est ses livres. Sa vie, c'est aussi ses luttes. Celles qu'elle mène. Celles qu'elle défend. En 1995, elle était avec Pierre Bourdieu aux côtés des cheminots en grève contre la réforme des retraites. Elle avait signé sa pétition. Ce 14 mars, elle est aux côtés des grévistes de la CGT, dans leur local de la gare Vaugirard. Ils sont impressionnés par son aura. Ils n'ont pas l'habitude de discuter avec une Prix Nobel de littérature. Elle est impressionnée par leur grève, impressionnée par ce mouvement social auquel elle n'a pas eu la force de participer. Elle a répondu à l'invitation de Damien Iozza, un syndicaliste qui travaille au bureau commande TGV Atlantique. Quand il a lu, en février, son papier dans

Le Monde diplomatique, il a dit à ses camarades : « Il faut inviter Annie Ernaux. » Dans *Relever la tête*, l'écrivaine racontait le souffle de décembre 1995, la magie des mouvements sociaux qui vous transforment, remerciait les manifestants de janvier 2023 qui « furent foule soudain », comme l'écrivait Éluard. Son « Ne baissons plus la tête » de conclusion a résonné chez les grévistes de cet hiver. Elle est là. Au milieu d'eux. Avec quelques amis, l'écrivain Jean-Marie Laclavetine, le philosophe Didier Eribon, le sociologue Jean-Marc Salmon. Ensemble, en 2018, ils avaient fait une cagnotte pour les cheminots, en grève contre la réforme de leurs statuts. Ils ont l'habitude de soutenir des luttes. Ils sont venus parler travail, réforme des retraites. « Je dois être là. Je connais bien le monde du travail justement par mon ascendance, par ma jeunesse qui s'est passée au milieu du monde qui travaille le plus durement », raconte Annie Ernaux. Elle est en colère contre Emmanuel Macron. Son mépris l'ulcère. « La réforme Macron est la pire injustice qu'on puisse faire aux gens, c'est ratiboiser des années de vie. » Elle sait de quoi elle parle. Elle se livre. « J'ai été retraitée de l'Éducation nationale à soixante ans. Et à soixante-deux, on m'a découvert un cancer du sein. » Tous l'écoutent. « Donc j'aurais pu mourir à soixante-deux ans exactement. Penser que des gens pourront mourir avant même d'être à la retraite est quelque chose qui me blesse profondément. » Elle a vu ses parents, sa famille, travailler dur. Elle a été prof. Elle est écrivaine. Elle a conscience de ses privilèges. « On n'a pas tous les mêmes conditions de travail. Dire soixante-quatre ans d'une manière générale est une atteinte à la vie tout simplement. Est-ce qu'on est sur terre tout simplement pour nourrir – je vais dire le gros mot – le capital ? » demande-t-elle. Elle les écoute raconter le travail qui n'a plus de sens, le management qui a tout chamboulé, les guichets de la SNCF qui ont fermé, EDF qui s'est transformé, abîmé. Car une électricienne est là aussi. « C'est important de voir ce qu'est devenu le travail. Il faut réfléchir. Faire deux ans de plus là, ça n'a pas de sens. » Soixante-quatre ans, ça n'a pas de sens. Pour Annie Ernaux. Comme pour les grévistes. Dans l'imaginaire collectif, le soutien des écrivains, des intellectuels est une figure imposée des mouvements sociaux. En 1968. En 1995. Et même en 2023.

LA CRISE DÉMOCRATIQUE

14

Génération 49.3

Une heure du matin. En plein cœur du Marais. Une barricade. Souvenirs de 68. Des poubelles brûlent. Des trottinettes électriques ont été jetées par terre. Elles ralentissent l'avancée de la police. Paris est à eux. Paris est pour eux. Ils n'en reviennent pas. « Paris, Paris, soulève-toi », crient-ils. Ou : « Louis XVI, on t'a décapité ; Macron, on peut recommencer. » C'est la deuxième nuit qu'ils sont là. Deuxième nuit de « manif sauvage ». Deuxième nuit de liberté. Lui construit la barricade. Avec ce qu'il trouve autour de lui. Des barrières de chantier que bientôt ils n'auront plus de mal à déplacer. Ils n'ont pas encore l'habitude. Elles pèsent lourd. Ils sortent à peine de l'adolescence. Soudain, il lève la tête, aperçoit un jeune qu'il connaît. Il l'alpague par son prénom. Baisse sa cagoule. Et se met à papoter tranquillement avec Raphaël *. L'année dernière, ils étaient en terminale ensemble. Dans un grand lycée parisien. Raphaël manifestait déjà. Pas Benoît. Il s'est politisé en quelques jours. Dans les manifs sauvages la nuit, dans les cortèges de tête, au milieu des black blocs, les jours de mobilisation syndicale, ils vont croiser d'autres anciens de leur lycée. Mélissa était avec eux en terminale. Ils se connaissaient à peine. Elle vient d'avoir dix-huit ans. À la fac. Comme eux. Pas la même. Elle s'intéressait « de loin aux questions sociales ». Depuis le début du mouvement, elle s'est renseignée sur cette réforme des retraites. De loin encore. « Le déclic ? C'est le 49.3. C'est ça qui m'a révoltée. C'est le fait de ne pas être entendue qui m'a motivée. » Génération 49.3. La nuit, dans des manifestations non déclarées, elle avait « un sentiment très particulier. L'impression d'un mouvement très collectif, d'une unité, d'une vraie cohésion ». Les premières manifs, le soir du 49.3 à Concorde, puis les nuits qui ont suivi, elle « voyait des comptes Instagram "Ce soir manif sauvage" ». Alors elle y allait. Puis Mélissa a eu envie d'y « aller de façon plus collective. Quand on y va toute seule, c'est plus dur ». Elle a rejoint un collectif militant, Le Poing levé, émanant de Révolution permanente. Le soir, la nuit. Ils hurlent. S'amusent. Montent des barricades. Font courir les policiers. Les épuisent en leur faisant

* Les prénoms ont été modifiés.

monter des escaliers. Ils jouent. S'échappent par grappes dans les ruelles. Les seuls qu'ils craignent, ce sont les BRAV-M. Quand ils voient arriver ces nouveaux voltigeurs, ils courent. Se défilent. Se réfugient dans des arrière-cours, des cafés. Les gens les encouragent. Le Quartier latin. Châtelet. Le Marais. Bastille. C'est leur terrain de jeu depuis qu'ils sont mômes. Paris est à eux. Paris, c'est eux. Sweats à capuche. Masques sur les visages. Tenues sombres. « J'évite de me mettre tout en noir, pour ne pas être une cible. Je ne mets pas de cagoule. Je mets une tenue confortable, il faut courir », s'amuse Mélissa. La politique est un jeu. Aussi un jeu. Les manifs sauvages. Le cortège de tête. À l'avant des manifestations syndicales. Elle y va à chaque fois. « Je suis devant. C'est là que je suis le mieux. Le cortège de tête, c'est vraiment montrer une colère plus qu'une revendication. Les revendications, c'est pour les syndicats. Le cortège de tête, ça montre que le peuple n'accepte plus. » Ils sont ensemble. Ils crient : « *Siamo tutti antifascisti.* » Quelques semaines de manifs, déclarées ou non. Quelques semaines d'adrénaline à l'avant, au milieu des black blocs. « Il faut avoir l'envie et la force. Quand je vois à côté de moi des gens qui cassent, qui brûlent, je ne le fais pas. Je ne fais pas d'action violente. » Pas elle. Sa motivation est plus large que la réforme des retraites. « C'est une envie de changement, une envie d'être écoutée, de changer un système. » Emmanuel Macron ? « C'est quelqu'un d'hypocrite et méprisant. » Génération anti-Macron. Génération anti-police aussi. Ils ont été nassés, chargés. « Ils ont perdu leur rôle de maintien de l'ordre. Ils sont tellement violents qu'on n'a pas les moyens de répliquer. On sent qu'ils ont reçu l'ordre de réprimer. » Quelques semaines de manifs, de collage d'affiches, de distributions de tracts. Et une conviction. « Les manifs syndicales, ça ne sert plus à rien. » Mélissa, Raphaël et les autres passent leurs partiels. Le mouvement s'essouffle. Ils prennent des forces. Ils en sont sûrs : « Ça ne va pas s'arrêter. C'est le début d'un énervement qui ne fait que commencer. »

Un énervement né d'un geste du Président. D'un geste constitutionnel. Mais incompris. D'un passage en force. 49.3. Le chiffre est rentré dans toutes les têtes. Certain de le perdre, le Président a choisi d'éviter le vote de sa réforme des retraites. Ce serait un « vice démocratique », ça provoquerait de « la colère », avait alerté Laurent Berger, pendant des jours. En vain. Comme toujours. Changer la vie de tous les salariés sans passer par un vote, donc sans légitimité démocratique, ça heurterait. Énormément. Il le sentait. Les syndicats avaient fait leurs comptes, appelé des députés clés. Ils savaient que la réforme ne serait pas approuvée. Alors, quand il apprend, ce jeudi 16 mars, que le gouvernement a fait le choix du 49.3, Laurent Berger se dit : « Merde. Loupé. Parce que, finalement, la victoire morale, on l'a. » Une victoire morale. Mais pas politique. Pas législative. La réforme n'est pas votée. Elle sera adoptée. « J'ai une forme de déception très très forte. On va devoir mener un autre type de bataille. Ça va être un peu plus compliqué. » Voilà pour la réaction à chaud du patron de la CFDT. Il pressent immédiatement que la situation change complètement. « Avec le 49.3, on passe d'une crise sociale très profonde, très forte, à une crise démocratique. » Le mouvement bascule. D'une colère contre les soixante-quatre ans, à une colère contre Emmanuel Macron. Le soir même, un rassemblement se tient place de la Concorde, en face de l'Assemblée, à deux pas de l'Élysée. Des groupes partent, pour la première fois depuis le début du conflit, en manifestation spontanée. Poubelles brûlées, casse. C'est la première nuit de « manif sauvage ». La première d'une longue série. « Le ressentiment démocratique fait entrer des jeunes, des nouveaux manifestants, dans la mobilisation. Ce 49.3 est vécu comme la goutte qui fait déborder le vase du mépris. On passe d'une mobilisation contre une réforme injuste à une mobilisation contre une méthode injuste et une méthode de gouvernement qui fait fi de la démocratie sociale et de l'expression citoyenne. On sent ce passage. On le sentira encore plus dans la manif du 23 mars, qui sera très très puissante. » Laurent Berger le sent, y compris chez les siens. « On sent alors dans les équipes CFDT la colère monter. » Une bascule se joue. Partout.

Elle a utilisé l'expression immédiatement. Dans la salle des Quatre Colonnes, à l'Assemblée. Là où les députés réagissent en sortant de l'hémicycle. Pour Marine Le Pen, le 49.3, c'est « une gifle démocratique au visage des Français ». Elle ne dit pas que ce n'est pas démocratique. Elle ne fait pas cette faute. Elle dit que c'est une gifle. Un coup porté. Une violence qui laissera des traces. « La réalité, c'est que des millions de Français se sont dit : "Il n'y a pas de démocratie, puisque dès que démocratiquement le gouvernement peut perdre, il contourne la volonté du peuple français exprimée par ses représentants." L'utilisation du 49.3 a été considérée comme une violation de la règle du jeu démocratique. » Elle a vu ce moment de bascule. Ce changement dans la rue aussi. « C'est dangereux, parce que ça peut pousser un certain nombre de jeunes, notamment, à aller dans la rue, à exprimer de manière violente leur contestation, puisqu'ils se disent : "De toute façon, tout ça est biaisé. Même si on souhaitait respecter le jeu démocratique, le jeu a été biaisé." » Pour elle, « c'est l'effondrement de la confiance que les Français doivent avoir dans nos institutions démocratiques ». Un élément clé d'une crise démocratique. Le 49.3 l'a choquée. Mais pas vraiment surprise. « Vous savez, il y a une sorte de théorie, une légende urbaine qui a été créée par l'Élysée et diffusée assez facilement par les journalistes, consistant à dire : Emmanuel Macron est un homme qui aime prendre des risques. » Une légende urbaine. Une histoire racontée par la presse. Elle attaque : « Non. Il n'a jamais pris aucun risque. Jamais. Zéro. À chaque fois qu'il a été en danger, il a mis ceinture et bretelles. Voilà. Il ne fait pas de référendum parce qu'il sait que c'est risqué. Et au dernier moment, plutôt que de dire : "Voilà, ça passe ou ça casse" – il en serait sorti grandi –, il dégaine le 49.3. »

Il a le sens des symboles, de l'imaginaire politique. Jean-Luc Mélenchon n'aurait manqué ce jour de vote, ou plutôt de non-vote, pour rien au monde. Il n'est plus député. Mais il l'a été. Le leader Insoumis était dans les tribunes. Au « cimetière ». Celle où les anciens députés peuvent suivre les débats. Il a savouré la mise en scène, la voix d'Élisabeth Borne qui n'arrivait pas à percer, les députés qui tapaient sur leurs pupitres, les bancs vides de la majorité. Mais ce qu'il a préféré, ce qui lui a fait monter « les larmes aux yeux », c'est la *Marseillaise* chantée par ses amis. « Une *Marseillaise* insurrectionnelle », vénère Jean-Luc Mélenchon. La *Marseillaise* au cœur de l'Assemblée, pour protester contre un coup de force. Il a le sens de l'histoire. Dès la fin de la séance, l'Insoumis veut sentir l'ambiance. Il quitte l'Assemblée, traverse la place de la Concorde, où se pressent des manifestants. S'installe dans un café, place de la Madeleine. Il a besoin de comprendre, d'analyser. Avec ses amis. Quelques députés (Thomas Portes, Carlos

Martens Bilongo, Sébastien Delogu) sont là. « C'est un moment exceptionnel. C'est le centième 49.3 de l'histoire. C'est une victoire totale pour nous. Si cette réforme est promulguée, elle n'aura aucune légitimité démocratique. » Mélenchon pressent que le conflit va basculer. Il est trop tôt pour savoir comment. Les syndicats ont appelé à une nouvelle journée de mobilisation, dans une semaine. Les Insoumis seront là. Comme toujours. Mais d'ici là ? Et en dehors des syndicats ? Que va-t-il se passer ? Il ne lit pas dans le marc de café. Il ne sait pas ce qu'il adviendra dans une heure, ce soir ou demain matin. « Demain est un autre jour. » Ce n'est pas qu'une formule. Il le devine. De cette journée exceptionnelle, dans tous les sens du terme, Mélenchon retient la *Marseillaise*. Des siens. « Ça n'a l'air de rien, puisque ça se chante même dans les stades de foot. Mais ce n'est pas du tout comme ça que ça a résonné dans le pays. Les nôtres étaient très fiers. Dans le monde entier, "Oh, on a chanté la *Marseillaise*, dans l'hémicycle même, contre le Président." Dans le monde entier, la *Marseillaise* est un chant révolutionnaire. » Pour lui, ce jour-là, le mouvement social change de dimension. Il devient une « révolution citoyenne ». Une révolution contre Emmanuel Macron.

Le Président voulait clore « le cheminement démocratique » de sa réforme, en utilisant le 49.3. Élisabeth Borne avait déjà utilisé ce procédé dix fois pour faire adopter des textes budgétaires. Alors, une fois de plus… Le pouvoir n'a pas compris que tout avait changé. Que tout allait changer. La retraite est une question intime, profonde. Travailler deux ans de plus, ça change les vies. Toutes les vies. Un tel changement sans même qu'il ait été adopté par un vote ? Les Français ne comprennent pas. Des jeunes ne l'acceptent pas. Ils descendent dans la rue. Spontanément. Se mettent à occuper leurs facs, leurs lycées. Pas tous. Mais suffisamment. L'entrée de la jeunesse dans le mouvement est spectaculaire. Elle déborde les cadres. Normal. Habituel. Signe d'une bascule aussi. Les « manifs sauvages » font leur apparition, le soir même du 49.3. Les images sont très différentes de celles des cortèges syndicaux. Des violences. Et des violences policières. La violence n'a jamais été sa culture, son mode d'action. Elle ne le sera jamais. Laurent Berger l'a toujours condamnée. Toutes les violences. Il est non-violent. C'est son histoire. Celle de la CFDT. Il a évidemment observé ces manifs la nuit à Paris et dans d'autres grandes villes. « Il y a des jeunes notamment qui sont en colère – et je crois qu'ils ne l'expriment pas de la bonne manière parce que la violence n'est pas acceptable, qu'elle touche les biens ou les personnes. Et puis, il y a sans doute une forme d'instrumentalisation de certains groupuscules. » Il sait que le 49.3 heurte profondément, que la crise démocratique est profonde, que la crise sociale ne trouve pas d'issue. Il sait que la colère déborde, qu'elle restera. Il est inquiet des traces que cela laissera. Le mouvement continue. Il continue à le diriger. Avec l'intersyndicale. Dans une protestation organisée. Il a des principes. Rien ne l'en fera dévier : « La CFDT n'excusera jamais la violence. On est dans un pays démocratique, le recours à la violence n'a pas sa place. » Il a regardé ce qui se jouait dans les rues de Paris. « On a vu des scènes choquantes à Paris, choquantes par les violences et choquantes aussi quand certains policiers, pas tous, s'en prennent à des manifestants, des jeunes en particulier. Ce n'est pas digne, pas digne de notre démocratie, pas digne de la force républicaine qu'est la police. On ne peut pas tolérer ça, ni d'un côté ni de l'autre. »

Le Président pensait calmer la colère. Il l'a enflammée. Par son 49.3. Par ses mots. Pour comprendre la bascule qui s'est jouée, pour voir cette génération 49.3 s'exprimer massivement – et pas seulement les jeunes –, il fallait se promener dans les cortèges, ou hors des cortèges, le 23 mars. C'était la neuvième journée de l'intersyndicale. La plus massive avec celle du 7 mars. La CGT compte 3 500 000 manifestants dont 800 000 à Paris. Le ministère de l'Intérieur en compte 1 080 000 dont 119 000 à Paris. À Paris, justement, la foule est immense. La rue de Rivoli, où défile la CFDT, est orange. Tout orange. Laurent Berger voit bien ce qui se dessine à ce moment-là. « La mobilisation du 23 le montre. Y compris l'expression des manifestants dans les cortèges montre ce passage de cap. » Passage de cap. C'est vraiment le sentiment qui domine. Partout, des pancartes, des slogans, des chansons contre le 49.3 et contre le Président. Devant, dans le cortège de tête, Mélissa, Raphaël et les autres sont là. Là où ils se sentent « plus utiles ». Là où ils « montrent mieux la colère contre le système ». Contre le système. Contre le Président. Contre le 49.3. Et contre les soixante-quatre ans aussi. Il est trop tôt pour savoir ce que cette génération deviendra. Beaucoup trop tôt. Mais quelque chose s'est noué dans ces jours-là. Quelque chose s'est joué dans cette bascule. Laurent Berger l'admet : « Ce 49.3 a fait passer la crise sociale en crise démocratique et, potentiellement, dans les mois à venir, en crise politique. »

15

Le « problème » Macron

L'aveu d'un proche. D'un très proche. D'un de ceux qui sont là depuis le début. Depuis les années Hollande. Un de ceux qui n'acceptent de parler qu'en *off*, sous le couvert de l'anonymat. Pour ne pas subir la foudre jupitérienne. Pour être libres aussi. Surtout. Le mouvement social dure. Il est fort. Inédit. Le Président ne lâche rien. Sa popularité est en chute libre. L'opinion est du côté des syndicats, contre les soixante-quatre ans. On cherche à comprendre comment on en est arrivé là. « Macron, sa méthode, c'est : "Je crée un problème, je suis la solution." Là, il a créé un problème et il n'est pas la solution. C'est dur pour lui. » Macron n'est pas la solution. Il est même devenu le problème.

Eux ont la solution. Eux sont la solution. Laurent Berger en a pris conscience lors d'un voyage à

Bruxelles. Il préside la Confédération européenne des syndicats. L'un de ses homologues européens lui demande : « Ça se passe comment, après les manifs, quand vous allez voir le ministre ? – Ça n'existe pas, ça. On ne voit personne. » « Ils sont tous abasourdis », se rappelle Berger. Pour mettre fin à ce que le patron de la CFDT appelle un « dysfonctionnement démocratique », pour sortir de la crise sociale, pour faire bouger le Président, les syndicats demandent à être reçus par Emmanuel Macron. Solennellement. Ils lui écrivent une lettre. Le Président leur répond… qu'il ne les verra pas. Pour lui, le temps de la concertation avec les partenaires sociaux a eu lieu à l'automne. Avant l'annonce de la réforme, donc. Avant le mouvement social. Et pas avec lui. Pour le Président, le temps est alors au Parlement. Il ne veut pas interférer. « Que n'aurait-on dit s'il avait reçu les syndicats pendant le débat parlementaire ? » le défend son ministre, Olivier Dussopt. « C'est comme s'il n'y avait pas des millions de personnes dans la rue, comme s'il n'y avait pas une opinion hostile à 70 % à la réforme », dénonce le patron de la CFDT. Refuser de discuter avec les syndicats, ce « n'est pas normal ». Ce ne sera jamais normal. De quoi ce refus est-il le nom ? « Ça dit un mépris des organisations syndicales. Ça peut vouloir dire une forme de sérénité hors sol sur le thème : "Tout ça n'est pas si important." Ça peut vouloir dire ne pas être totalement à l'aise avec cette réforme si mal ficelée. Ce n'est pas vraiment à moi de l'analyser. » Philippe Martinez n'est pas réellement surpris par ce refus du Président. Pour le patron de la CGT, cette absence de dialogue est constitutive du macronisme. « Il considère qu'il n'a pas besoin de nous, que ses seuls propos sont valables pour convaincre la population. Ça confirme ce que je pense de lui, c'est que toute la vie doit tourner autour de lui. » Martinez est un syndicaliste. Pour lui, le monde est collectif. Macron est un président. Pour lui, le pouvoir est vertical. « On est dans la caricature de la Cinquième République, un président roi ou empereur qui considère qu'il a raison tout seul. Un président qui explique leur vie aux gens. Car il sait mieux qu'eux », accuse le secrétaire général de la CGT. Philippe Martinez est comme Laurent Berger. Il connaît Emmanuel Macron depuis longtemps. Il le connaît moins bien. Évidemment. Mais il n'a jamais cru qu'il changerait, qu'il se mettrait à écouter les corps intermédiaires. Ce qui le surprend, c'est plutôt que les ministres, les députés de la majorité ne cherchent pas à se concilier l'opinion. « Peut-être que, grâce à cette mobilisation, grâce à ces grèves, il y a des députés et même des ministres qui vont dire – je ne sais pas comment ils l'appellent : "Manu, tu nous envoies dans le mur. T'as le droit de te prendre le mur, mais nous, on ne veut pas y aller. » Espoir vain. Le système Macron est plus verrouillé qu'il ne le croit.

On demande à Marine Le Pen de réagir à ce non-dialogue social. « C'est une erreur. C'est une erreur flagrante. Mais c'est une erreur due au fait que le gouvernement était persuadé d'avoir une majorité. » Erreur. Trois fois de suite. Elle sait ce qu'elle fait. Dans sa conquête du pouvoir, et en plein mouvement social contre une réforme qu'elle combat, elle fait un pas vers les syndicats. Elle accule le pouvoir. Ce refus « prouve qu'ils ne sont pas du tout attachés au dialogue. Ils ne sont pas attachés à essayer de faire en sorte que la France ne soit pas en permanence à feu et à sang. C'est une lourde responsabilité qu'ils prennent en faisant cela. Il faut qu'il y ait une discussion avec les syndicats. Il faut rétablir cette relation de discussions avec les syndicats ». Emmanuel Macron refuse de les recevoir. Marine Le Pen défend les syndicats. Inversion des rôles. Jean-Luc Mélenchon, lui, est dans son rôle. « C'est du jamais-vu. Les dirigeants des centrales syndicales, alors qu'on sait qu'on va à un bazar de première grandeur, disent : "On voudrait vous parler." Il veut pas. Pourquoi ? Parce qu'il sait ce qu'ils vont lui dire. Et alors ? La vie politique, c'est aussi fait de rites. » Pour le leader des Insoumis, Emmanuel Macron « se vit comme une sorte de Thatcher ou de Reagan. Je pense qu'il veut humilier les syndicats. Il les méprise. Il veut un bras de fer. Il veut les faire perdre ».

Il ne veut pas les faire gagner. C'est certain. La réforme des retraites était la « mère des batailles ». Le Président tient à ce qu'elle s'applique. Quoi qu'il lui en coûte. Il n'avait pas vu venir ce mouvement social, qu'il persiste à minimiser. Il n'a pas senti monter la colère contre le 49.3. Il est persuadé que ces manifestations « sauvages » sont organisées par les Insoumis et ceux que son ministre de l'Intérieur qualifie d'« ultragauche ». Son gouvernement n'est pas tombé – la motion de censure a été rejetée à neuf voix près. Alors maintenant, il veut vraiment passer à autre chose. Il décide de parler aux Français pour la première fois depuis ce soulèvement. Ce sera à 13 heures, devant un public de retraités, supposé moins hostile. Ce sera le 22 mars. Le 22 mars, pour espérer éteindre un mouvement social ? L'ironie a visiblement échappé aux stratèges de l'Élysée, qui ne connaissent pas leurs classiques du joli mois de mai. Les symboles, ce ne sont pas leurs affaires. Macron veut parler, avant de partir en déplacement. Avant une nouvelle journée de mobilisation, la neuvième. Avant de s'exprimer – et maintenant que la loi a fini son « cheminement démocratique » comme ils disent –, il faut reprendre le dialogue. Discrètement. Pour tester. Emmanuel Macron délègue cette tâche. Le secrétaire général de l'Élysée, Alexis Kohler, appelle Laurent Berger. Premier contact depuis décembre. « Le fil n'a jamais été rompu », ose celui que la presse surnomme le « jumeau du Président ». Jamais rompu.

Quand même. « On ne va pas faire comme les vieux couples qui ne veulent pas se rabibocher », plaide également Kohler. Berger ne va pas sur ce terrain si singulier. Il redit son opposition aux soixante-quatre ans, son inquiétude sur l'état du pays, la colère qui explose. Il comprend surtout que le Président ne va rien lâcher. Aucun espoir. L'écouter quand même. C'est son boulot. Le syndicaliste est à Bruxelles, il participe au sommet social tripartite qui précède chaque sommet européen. À 13 heures, il s'isole pour entendre le Président. Macron défend sa réforme, la nécessité de la faire, l'utilisation du 49.3. Assume l'impopularité qui en découle. Bref, rien de vraiment neuf. « Pour être franc, je n'attendais pas qu'il dise : "Je me suis trompé. On va reprendre les choses par le bon bout." » Mais il est « un peu abasourdi, abasourdi par une absence d'empathie assez forte à l'égard d'une mobilisation sociale exceptionnelle ». Quand il entend le Président accuser : « Je regrette qu'aucune force syndicale n'ait proposé de compromis », le syndicaliste n'en revient pas. La CFDT comme d'autres syndicats ont fait des contre-propositions (la retraite universelle, un cocktail de mesures financières fondées sur le travail des seniors, l'égalité salariale homme/femme, etc. Le document est sur le site de la CFDT). Ce n'est pas fini. Ça ne fait que commencer. « Le secrétaire général de la CFDT, pour qui j'ai estime et respect, était allé devant son congrès en proposant d'augmenter les durées. Il n'a pas été suivi [...] mais il avait cette volonté de faire travailler davantage », attaque Macron. « Je suis abasourdi. J'ai une forme de colère personnelle qui retombe au bout de dix minutes », révèle-t-il. Berger dénonce les « mensonges » du Président. Celui sur l'absence de propositions. Et celui sur le 50e Congrès de la CFDT qui s'est tenu à Lyon en juin 2022. Pourquoi Macron dit-il que Berger n'a pas été « suivi » ? Premier rappel. Le rapport d'activité de la direction (sorte de bilan de Laurent Berger et son équipe) est approuvé à 89,54 %. « C'est le meilleur score de la CFDT contemporaine », précise-t-il en souriant. Deuxième rappel. Jocelyne Cabanal et Frédéric Sève, chargé du dossier des retraites (il est décédé l'été dernier) présentent ensuite la « résolution générale ». Le texte rappelle la position historique de la CFDT sur les retraites (contre le recul de l'âge légal et pour l'allongement de la durée de cotisation, pour faire simple). « On a toujours considéré que, selon l'allongement de la durée de la vie, seule l'augmentation de la durée de cotisation peut être envisagée », explique Laurent Berger. Le syndicat Interco de la Somme dépose un amendement « pour supprimer une phrase qui porte une ambiguïté sur nos intentions, qui pourrait *in fine* alimenter une réforme paramétrique. La réforme Touraine prévoit déjà un allongement de la durée de cotisation jusqu'à quarante-trois ans. L'allongement est déjà en cours et il suffit », défend Arnaud Espel, son représentant. L'amendement de suppression est adopté à 67,5 %. Nul besoin d'évoquer un éventuel allongement de la durée de cotisation en cas d'un éventuel allongement de l'espérance de vie. Voilà donc la position de la CFDT. L'âge légal, c'est, c'était, ce sera toujours non. Aucune ambiguïté. Vient alors le vote de la direction. Le mieux élu au Bureau national ? C'est le monsieur Retraite, Frédéric Sève (97,71 %). Laurent Berger est, lui, élu avec 96,68 % des voix. Un score quasi soviétique. « Mis en minorité ? Ça me fait marrer. Je suis le secrétaire général le mieux élu de toute l'histoire de la CFDT. »

Emmanuel Macron a choisi de cibler Laurent Berger. Il en veut au syndicaliste. Derrière la CFDT mythifiée, qu'il a en tête et qui serait toujours du côté des pouvoirs, qui aurait dû être avec lui quasi par principe, quoi qu'il fasse, plane l'ombre de Nicole Notat. L'ancienne patronne de la CFDT est une proche du chef de l'État. Son ancien communicant, Philippe Grangeon, est un intime de Macron, il a été son conseiller spécial. « Le Président voit beaucoup Nicole, il aime beaucoup Nicole », admet un ancien conseiller. Notat avait soutenu la réforme des retraites d'Alain Juppé en 1995. Macron a rêvé que Berger fasse de même. Même si la CFDT est hostile au recul de l'âge légal depuis vingt-cinq ans. Il a une image faussée du premier syndicat de France. Et voit derrière le syndicaliste l'ombre de son prédécesseur. « Peut-être que Macron a mis Berger dans une case, reconnaît un proche du Président. Pour lui, Berger et Hollande sont liés. Il doit penser qu'en ce moment, ils manigancent ensemble. »

Vendredi 3 février, Emmanuel Macron convie à déjeuner François Hollande pour parler de la réforme des institutions. Le mouvement social contre la réforme des retraites vient de commencer. Il est déjà fort, il s'invite dans la discussion.

Les deux hommes évoquent leurs souvenirs de la loi Travail. Des lignes rouges de Laurent Berger à respecter si on veut que la CFDT soutienne une réforme.

François Hollande : « Il a toujours des lignes rouges. »

Emmanuel Macron : « Oui, mais son congrès l'empêche. »

François Hollande : « Ce n'est pas ton problème, c'est le sien. Sur quoi est-il prêt à aller ? Il a toujours dit qu'il était contre l'âge légal. Souviens-toi de l'âge pivot. C'est sa ligne rouge. Soit tu dis : “J'en ai rien à faire de sa ligne rouge.” Eh bien, tu fais l'accord avec LR et tu verras. Soit tu dis : “C'est sa ligne rouge, que peut-il m'offrir comme contreparties sur le reste ?” et tu vois. »

« Il a changé », se plaint le Président.

Le changement, c'est l'autre. Tout au long de ce mouvement social, Emmanuel Macron, ses proches, ses ministres, ses élus se sont raconté une histoire sur le patron de la CFDT. Ils ont pointé « l'influence » de sa femme, Mireille Le Corre, haute fonctionnaire, socialiste, ancienne conseillère emploi et travail de Jean-Marc Ayrault. « Ça nous a fait marrer », s'amuse Laurent Berger. Ils ont pointé son « manque de courage », sa « susceptibilité ». Ils en ont fait beaucoup. Trop. « Malgré ma culture d'origine, je ne tends pas la joue gauche. J'ai le caractère que j'ai. Je les emmerde, en fait. Je suis comme je suis. » Il est comme il est. Comme les Français l'ont découvert. Comme les Français l'ont plébiscité.

16

Héros malgré lui

La sono prévient : « Laurent Berger nous a rejoints. » Il se marre : « Ben, non, pas encore. » Il lui reste encore quelques pas à faire pour arriver dans le cortège de la CFDT Île-de-France, celui qui ouvre la longue marée orange. C'est son rite. À chaque manifestation, le leader va saluer les siens. Il les rejoint, s'installe derrière la banderole qu'il tient fermement. La foule reprend la chanson qu'ils lui ont faite. « C'est Laurent Berger, c'est Laurent Berger. Je crois que vous le connaissez. » Il glisse à sa voisine : « Ça me gêne, cette chanson. Ça me gêne, cette chanson. » La sono continue : « Il défend les travailleurs. Il porte nos valeurs. Nous, on a Laurent Berger. » Il sourit : « Je ne contrôle rien. Allez, on avance. » Se met à papoter, à poser pour les photos, à demander des nouvelles aux uns et aux autres. « C'est Laurent Berger… » continue de lancer le camion de tête. Ça le gêne. Vraiment. Il est comme ça. Vraiment. Il n'aime pas être au centre de l'attention. Déteste la personnalisation. Exècre le narcissisme. Il est modeste. Vraiment. C'est sa personnalité. Son éducation. Et pourtant il est devenu un héros. Un héros malgré lui.

« Héros » ? Laurent Berger déteste ce mot. Ou plutôt il déteste qu'on dise qu'il est un héros. Il admire Nelson Mandela, Léon Blum, Pierre Mendès France, Edmond Maire ou Jacques Delors. Mais ce ne sont pas ses héros. Il n'est pas un héros. Faut pas croire ce que disent les journaux. Il n'aime pas qu'on lui fasse trop de compliments. Ça le gêne. Il pense qu'il ne les mérite pas. L'hubris, l'ivresse du pouvoir, il n'est pas près de les atteindre. Alors, quand on lui demande comment il vit son statut de héros, Laurent Berger commence par : « Je ne suis pas un héros. » Le contraire nous aurait étonnés. Puis, comme il est bien élevé, il répond : « Comment je l'ai vécu ? Moi, j'ai fait mon boulot. » Son boulot. Celui d'un syndicaliste. Pas d'une star. « C'est un boulot collectif. » Un collectif qui a quand même un chef. Il le sait. « Il y a besoin d'une incarnation, c'est le secrétaire général, c'est comme ça depuis toujours. Mais je ne suis pas grisé. » Pas grisé, mais « content que la CFDT tienne son rang. Je suis très heureux des cortèges CFDT qui sont à la fois joyeux, festifs, et qui sont revendicatifs et très divers. Très heureux de l'unité interne de la CFDT, de la fierté des militants. Je suis heureux de cette période parce que ça met la CFDT sur une rampe positive ». Une rampe qu'il a contribué à installer en étant la figure centrale de l'intersyndicale.

Macron a fait de lui un héros. Sans vraiment le comprendre. En le ciblant. En l'attaquant frontalement, le Président a fait du leader de la CFDT la star du mouvement social, la figure tranquille de l'opposition très large à la réforme des retraites. L'histoire est facétieuse. Plus Macron lui tapait dessus, plus les gens appréciaient Laurent Berger. Plus la popularité de Macron baissait, plus celle de Berger montait. Le syndicaliste est d'abord le héros des siens. Des militants de la CFDT qui se sont sentis insultés par ce président pour lequel ils avaient pourtant voté. Des anciens de la CFDT qui ont retrouvé la fierté de leur « orga ». De cette deuxième gauche orpheline de figure tutélaire. Il suffisait de se promener avec lui dans les cortèges de la CFDT, manif après manif, pour le voir devenir une star. Il suffisait d'observer, d'écouter. Des demandes de selfies, de photos ? Il y en a toujours eu. Des militants qui l'embrassent, qui l'apostrophent aussi. Mais, dans la rue de Rivoli couverte d'orange, la couleur de la CFDT, ce jeudi 23 mars, des mots nouveaux sont apparus. La veille, devant des millions de téléspectateurs, le Président s'en était pris personnellement à leur secrétaire général. « Merci Laurent », « Tiens bon », « Bravo », « Laurent président » : voilà ce que lui disaient ses militants. « Laurent président », il n'aime pas. Il rabroue gentiment ceux qui le proclament. Il ne veut pas être président. Il ne veut pas faire de politique. Mais les remerciements, les encouragements lui font plaisir. Le soutien des siens, leur chaleur sont, pour lui, la meilleure réponse aux accusations du Président. « Bravo », « Continuez », c'est aussi ce que lui disaient les manifestants *lambda* ou les simples badauds qui l'apercevaient dans cette rue si passante. Ça a recommencé à toutes les manifs. « Bravo », « Ne lâchez rien », « On est avec vous », « Vous avez raison », « Merci pour ce que vous faites » : voilà ce qu'on entend quand on le suit. Au milieu des siens. Au milieu des manifestants. Ou simplement dans les rues de Paris.

Les attaques soudent. Le Président aurait pu/dû le comprendre. Plus les militants ou les sympathisants de la CFDT aimaient leur chef, plus ils avaient envie/besoin de le soutenir. Plus ils s'en prenaient à Emmanuel Macron aussi. Dans un mouvement symétrique. Les cortèges de la CFDT étaient un bon baromètre pour comprendre l'évolution de la situation. Celles et ceux qui défilaient sous leurs chasubles orange ou arboraient des badges CFDT avaient voté pour Macron. En 2017 et en 2022. Au second tour évidemment. Mais souvent au premier aussi. Surtout en 2017. Déjà quand, au début du mouvement, on les avait entendus reprendre le « on est là, on est là » des Gilets jaunes, on s'était dit que c'était un signe. Si eux en étaient là, c'est qu'il se passait quelque chose de profond. Puis on a écouté leurs chansons. Elles changeaient à chaque manif. Elles s'adaptaient à l'actualité sociale et politique. À mesure du mouvement, on les a entendus passer progressivement d'une simple opposition à la réforme des retraites à une vraie opposition au Président. Le 49.3 et les attaques du chef de l'État contre Laurent Berger ont été un tournant. Leurs mots ont changé. Se sont durcis. Sur l'air de *Harley Davidson*, la chanson que Gainsbourg a écrite pour Bardot, les militants réformistes criaient : « J'ai pas confiance en Macron / Le cow-boy des réform' / Son arrogance déconne / Je manifestation. » Sur l'air de *Should I Stay or Should I Go* (tout un programme déjà), ils commençaient par : « Macron, tu nous casses les couilles / Pourquoi tu cherches les embrouilles ? / Obligés de parler comm' toi. / Quand tu nous sors le 49.3 ! » « Casser les couilles », ce n'est pas le registre de langage habituel de la CFDT. Quand, ce jeudi 23 mars, Laurent Berger entend les premiers mots de cette nouvelle chanson, il tilte. Il comprend. S'il y en a un qui les connaît par cœur, qui partage leur exaspération, c'est bien lui. Il est trop poli pour le dire. Mais il pense comme eux. Il est comme eux. Il est eux.

Remonter leurs cortèges fut sa bouffée d'air pendant toutes ces semaines. Quand on lui demande quel est son meilleur souvenir de ce mouvement, sa réponse est immédiate. « C'est les cortèges, les cortèges de la CFDT, la rue de Rivoli tout en orange. La plus belle image, ce sont ces salariés du nettoyage que je connais bien – certains manifestaient pour la première fois – et dont on voyait la dignité. Face à cette réforme, la réaction du monde du travail, c'est : "On ne veut pas se laisser marcher dessus." Pour moi, pour la CFDT, une des valeurs fondatrices, c'est l'émancipation. On a déjà gagné. On ne s'est pas laissé faire. » Sur ses militants, sur leurs cortèges, il est intarissable. Pour lui, les héros, c'est eux. Leur présence massive est une surprise. Même pour lui. La CFDT est la première organisation syndicale. Elle a plus de six cent mille adhérents. Mais à la différence de la CGT, la rue, les manifs, ce n'est pas son terrain habituel. « On avait un doute. Avait-on cette capacité, cette force de mobilisation, alors qu'on est majoritairement une organisation du privé, plutôt des salariés modestes ? Saurait-on mobiliser ? avoue Laurent Berger. La réponse a été dans la rue. Ce qui m'a surpris, c'est la mobilisation énorme des militants CFDT, de leurs collègues, des sympathisants. Ce qui m'a marqué aussi, c'est la cote de sympathie pour la CFDT. Les salariés nous disaient : "On vient avec vous parce qu'on est fiers." » Fiers d'eux. Fiers de la CFDT. Fiers de lui aussi. Évidemment. Même s'il ne le dit pas. Lui a été fier d'eux. Tellement. « Je n'ai jamais vu autant d'orange, en fait. Ça montre que, quand on ne défile pas tous les matins, quand on y va, on est nombreux. » Ça montre surtout que Laurent Berger a su incarner ce mouvement, cette colère contre les soixante-quatre ans. Que son ton, son attitude, ce qu'il dégage correspondaient aux attentes. Dans l'imaginaire d'un conflit, il y a toujours des méchants et des gentils. Le casting était presque parfait. Face à un président sûr de lui, tout-puissant, cette bataille des retraites avait besoin d'un héros tranquille, modeste. Le gentil, ce fut Laurent Berger. Il n'avait pas besoin de se forcer. Il lui suffisait d'être lui-même. Il lui suffisait d'être un syndicaliste. Un CFDTiste. Un modéré qui cherche des issues aux conflits.

Pendant cette bataille, Berger a essayé d'esquisser des solutions. Il a trouvé les mots pour dessiner ces voies. Il a appelé à une « pause », une « suspension » de la réforme. « Je cherche à dire : "Attendez, on ne peut pas tomber dans cette folie qui consisterait à aller au bout coûte que coûte." La rhétorique, ce n'est pas mon truc. Ce n'est pas mon problème en fait. Tout le monde sait que si on va vers une pause, une suspension, c'est le retrait du texte. Ma préoccupation, ce n'est pas la tactique. Ma préoccupation, c'est que les soixante-quatre ans ne s'appliquent pas aux salariés. J'utilise tous les moyens pour l'obtenir. Je propose donc qu'on mette le texte de côté, qu'on ne le promulgue pas et qu'on se mette autour de la table pendant six mois, et on discute emploi, travail, retraites. » Fin de non-recevoir du pouvoir. Berger a l'habitude. Mais peu importe. A-t-il cru qu'il pouvait en être autrement ? « Le sujet d'un responsable syndical, ce n'est pas de croire ou de ne pas croire, c'est de proposer des voies de sortie. À ce moment-là, je leur dis en fait : “Voilà, on vous met la patate chaude entre les mains et vous en faites quoi ?” Force est de constater qu'ils sont incapables de saisir la moindre perche. ». *Exit* la « pause ». Berger appelle alors à une « médiation », prenant acte de l'impossibilité d'un dialogue direct. Réflexe syndical oblige. « La médiation, c'est ce qu'on fait dans un conflit du travail. Dans une entreprise, quand vous avez un conflit, quand on n'arrive pas à en sortir, le préfet, l'inspection du travail nomment un médiateur. C'est pareil dans une branche professionnelle. » Mais immédiatement Olivier Véran, le porte-parole du gouvernement, dit qu'il n'y aura pas de médiation, qu'ils peuvent se parler directement. « On tombe des nues. Je me dis qu'il se fout de ma gueule, parce qu'on ne se parle pas. » « La médiation, c'est la bonne solution, admet le jour même un de ceux qui ont accompagné Macron depuis le début. Mais c'est un aveu d'échec total dans la relation entre l'exécutif et les syndicats. » Un aveu d'échec trop difficile à admettre pour le Président. Acter sa défaite face à l'intersyndicale, face à la nouvelle star, c'est impossible pour lui. Berger superstar ? Macron et ses troupes ont vraiment du mal à l'admettre. « Ce n'est pas un saint, ça suffit », peste un dirigeant de la majorité. Pas un saint. Mais la figure d'un mouvement très populaire. En *off*, les critiques continuent. En *off*. Protégés par l'anonymat.

On ne sait jamais. « Laurent est extraordinairement susceptible, très difficile, lance un de ceux qui étaient chargés du lien avec les syndicats quand il était à l'Élysée. Il est très attaché à la parole, la fiabilité. Il doit faire un effort d'adaptation à Macron. A-t-il raison de s'être mis dans cette situation d'être le porte-parole sur l'âge légal alors qu'aucun accord n'est possible ? Je n'en suis pas sûr. » Dans la macronie, tous ne sont pas hostiles à Laurent Berger. Certains le connaissent depuis longtemps. Et l'appréciaient, avant même qu'il ne soit aussi populaire. C'est le cas de Muriel Pénicaud, qui fut ministre du Travail de 2017 à 2020. « Laurent est quelqu'un qui a un engagement très sincère, profond. Ce n'est pas quelqu'un qui s'énerve facilement. Comme tous les gens calmes, une fois qu'il n'est pas d'accord, il tiendra bon. C'est quelqu'un qui ne ferme jamais la porte. Il dialogue toujours. » Il dialogue toujours. Quand il a des interlocuteurs. « C'est facile de discuter avec lui, bien sûr. Au début tout est ouvert. Une fois que son opinion est faite – et elle est faite collectivement –, vous le faites difficilement changer d'avis. » Les mots de Muriel Pénicaud sonnent comme un contre-discours de la méthode. Certains macronistes comme Richard Ferrand ou François Bayrou ont essayé de convaincre le Président d'écouter Laurent Berger, d'accepter une pause, une médiation. Ils n'ont jamais réussi.

Pour mesurer ce qu'est devenu Laurent Berger pendant ces semaines de conflit, il faut parler non pas à ses amis, mais plutôt à celle qu'il désigne comme son ennemie. La seule. Marine Le Pen. Ils ne se sont jamais parlé. Il refusera toujours. Elle ne le connaît qu'en l'observant. Elle commence en souriant : « Disons qu'il nous a plutôt agréablement surpris. Faut être honnête. On avait quand même l'habitude de le voir systématiquement au soutien de tous les gouvernements successifs, y compris peut-être les plus éloignés les uns des autres. Et là, il nous a surpris par sa fermeté sur la réforme des retraites. Je pense que profondément, profondément là, pour le coup, il a agi comme syndicaliste. C'est-à-dire qu'au-delà des aspirations politiques – il a appelé à voter Macron quand même, il faut le rappeler – mais il défend l'intérêt des salariés. » Voilà pour les mots doux de la patronne du groupe RN. Il faut les écouter. Les prendre pour ce qu'ils sont : une stratégie d'apaisement avec les syndicats, dans une conquête du pouvoir. Berger l'a toujours combattue. Il la combattra toujours. Elle le sait. Elle le tacle donc un peu aussi. « En même temps, je ne vois pas un syndicat être capable de défendre la réforme des retraites alors que 94 % des actifs sont contre. Donc j'ai l'impression que Laurent Berger a suivi en fait ses adhérents plutôt que d'emmener ses adhérents quelque part. » Toujours le même fantasme. Celui d'un dirigeant syndical qui suit ses troupes. Les subit. Plus qu'il ne les dirige. Les éclaire. Avec

Jean-Luc Mélenchon, les relations sont compliquées. Ils se parlent. Parfois. Pas souvent. S'affrontent aussi. Parfois. « Les relations étaient fluides. Après, il dirige la CFDT. C'est un secret pour personne que, disons, qu'on n'a pas souvent été d'accord sur les manières de faire, reconnaît le leader des Insoumis. Mais bon, voilà, c'est la vie syndicale telle qu'elle est. On ne va pas décider qu'on ne parle qu'à ceux avec qui on est d'accord sur tout. » Voilà pour avant. « Là, dans l'affaire des retraites, depuis le début, il y avait un bon contexte puisqu'il y avait un vote de congrès de la CFDT et que Laurent Berger est un type plutôt réglo. Ce n'est pas quelqu'un qui va voter dans un congrès et s'en fiche après. » Comme Macron, toujours cette histoire de congrès. Comme s'il fallait quand même dire que, si Berger a été bien, ce n'est pas de son seul fait. Mais parce que ses militants avaient choisi la bonne ligne. Comme si eux et lui étaient différents. « On sait que c'est un homme plutôt de parole et donc ça facilite les rapports. Quand on parle, on parle tranquillement des sujets », conclut Mélenchon. En ultime signe d'apaisement.

Que Laurent Berger soit devenu un héros, ça calme ceux qui ont l'habitude de le critiquer. On ne sait jamais. Ça énerve Emmanuel Macron. « Ça le rend fou », ose même un ancien conseiller. Alors, après avoir refusé la pause, la médiation, le Président a voulu voir le syndicaliste. Discrètement. Tout au long du week-end du 1er avril – et ce n'était pas un poisson – des intermédiaires ont testé le leader de la CFDT. L'ont pressé même : « Va voir le Président » ; « Vas-y » ; « Ce sera *off* de chez *off*. » « Mais pour dire quoi ? Il est prêt à bouger sur les retraites ? – Non, mais vas-y. On ne sait jamais. » Laurent Berger n'est pas tombé dans le piège. Il a refusé ce rendez-vous incertain.

17

Il part, elle arrive

Partir. Sans finir la bataille. Tout quitter. Retourner au boulot. Et laisser à une autre le soin de continuer le combat. Son choix est fait depuis longtemps. Quitter la tête de la CGT. Céder sa place à une femme. Après huit ans de bons et loyaux services. Parce qu'il est temps. Parce que la CGT ne lui appartient pas. Parce qu'il en a envie aussi. Mais jamais Philippe Martinez n'avait imaginé partir dans de telles conditions. Partir en plein conflit social. Le plus important depuis 1968. Celui qu'il dirige avec son complice de la CFDT. « C'est pour Philippe que c'est le plus dur. Parce que quelque part, il n'a pas été jusqu'au bout de l'histoire. Même s'il a tenu son rôle jusqu'au bout », témoigne Laurent Berger. Ce qui sera dur, violent aussi, ce sont les conditions de son départ. Mais on n'en est pas encore là.

Ce mercredi 1er mars, Philippe Martinez est encore tranquille. Dans son bureau. Au huitième étage, celui de la direction. Sur la porte, une phrase prévient les visiteurs. « Un jour j'irai vivre en Théorie. Car en Théorie, tout se passe bien. » En théorie, son départ, sa succession vont bien se passer. Il a commencé à ranger. À trier les photos, les souvenirs rapportés des déplacements, à classer scrupuleusement ses notes, à garder tout ce qui lui permettra de reconstituer son agenda. « On ne sait jamais, si un jour, on a besoin que je raconte une histoire », s'amuse-t-il. Il trie et tombe sur une photo de soignants. Il a passé beaucoup de temps dans les hôpitaux à les écouter raconter l'effondrement du service public. « Je l'ai offert à Buzyn. C'était pendant la précédente réforme des retraites, j'allais voir Delevoye. Je ne sais pas pourquoi j'avais cette photo entre les mains. Je croise Buzyn. "Ah, bonjour, ça va ?". "Je crois que j'ai un cadeau pour vous, tenez !" » Il a adoré aller sur le terrain. Comme Laurent Berger. « Depuis qu'on se connaît, on a la même conception. Si on veut parler du boulot et qu'on ne croise jamais des gens qui bossent, on raconte des conneries ou des théories. J'adore les théories. Vous avez vu sur ma porte, de l'autre côté, la phrase de Desproges ? » On a vu. « C'est Macron. Ça doit être la devise de Macron. Lui, il vit en Théorie. » Son orga, il l'aime vraiment. Il a adhéré à la CGT en 1984, « deux ans après mon entrée chez Renault ». Il est attaché aux rites. À l'histoire. Il nous montre une courte lettre sur son bureau. « J'ai envoyé un petit mot à une camarade qui fêtait ses cent ans. Ça faisait – je crois que c'est un record – quatre-vingt-quatre ans qu'elle avait sa carte à la CGT. Elle était surprise que je lui écrive, elle m'a renvoyé un petit mot d'ailleurs. » Il nous le tend. « Elle écrit super bien, elle a cent balais. » Dans trois semaines, il ne sera plus là. Il sera à Clermont-Ferrand au congrès de la CGT. Il a déjà choisi celle qui va lui succéder. Marie Buisson, une dirigeante de la branche éducation. Elle est toujours dans le carré de tête des manifs retraites à côté de lui. Après ? Le saut dans le vide. Ou presque. « Comme je suis – pour reprendre la formule d'un président de la République – un citoyen normal, je vais avoir l'âge légal de partir à la retraite, mais pas les trimestres. » La retraite, l'âge légal, la durée de cotisations. C'est son combat depuis des semaines. C'est sa vie aussi. « Je suis dans la moyenne de ceux qui ne peuvent pas partir, même s'ils arrivent à l'âge légal. Il me reste quelques trimestres à cotiser. » Il retournera donc au boulot. Chez Renault. Sa boîte. « Pour combien de temps ? Pour quoi faire ? On verra. Enfin, pour combien de temps… je vois à peu près. Au moins encore neuf ou dix mois. » Ce 1er mars, il ne sait pas encore ce qu'il y fera. « Je vais discuter avec ma boîte pour voir s'ils reconnaissent mes valeurs. Je veux qu'on prenne en compte toute mon expérience. » Le militantisme, c'est sa vie. Ça restera sa vie. « Je vais continuer à manifester, à distribuer des tracts à mon niveau. Je vais continuer, à ma place – parce qu'on ne peut pas être et avoir été – à m'intéresser à la vie sociale, à des questions de société. Je vais continuer à militer. Mais à mon niveau. » Le lundi 3 avril, il sera au boulot. Vertigineux.

Rien ne va se passer comme il l'a prévu. Ou souhaité. Mille délégués de la CGT se retrouvent à Clermont-Ferrand. Le 28 mars, c'est jour de manif, la dixième. Tous défilent entre la place du 1er-Mai et Jaude. C'est la dernière fois que Philippe Martinez se bat contre la réforme des retraites en tant que secrétaire général de la CGT. Il est au milieu de la foule. Entouré de caméras. « Tant que je pourrai marcher, je manifesterai. » Il approuve la demande de « médiation » de Laurent Berger. Il faut bien trouver une voie de sortie au conflit. C'est le boulot d'un syndicaliste. Il en avait parlé avec son collègue avant. Ils en avaient même discuté à huit. Mais ce soutien lui crée des problèmes. Est utilisé par ses opposants internes. Une médiation ? Il n'en est pas question. C'est le retrait pur et simple qu'il faut exiger. Et ne pas rouler derrière la CFDT. Quelques heures plus tard, le rapport d'activité, sorte de bilan de sa direction, est rejeté à 50,32 % des voix. Le congrès est en train d'échapper à Philippe Martinez. Il part sur un échec : Marie Buisson ne lui succédera pas. Ses opposants, les fédérations les plus dures, celles de l'Énergie, des Cheminots, du Pétrole, imposent une femme, surgie au milieu de la nuit, quelques heures avant le vote. Personne ne l'attendait là. Soudain Sophie Binet a débarqué. En plein cœur de la bataille des retraites. Elle a quarante et un ans, dirigeait l'organisation des cadres. Elle est la première femme secrétaire générale de la CGT. Elle a bien l'intention de s'imposer, d'imprimer sa marque. D'entrer dans l'histoire sociale. Elle n'a pas dormi de la nuit. Elle veut frapper les esprits dès son premier discours. Elle lève le poing gauche. Elle lève toujours le poing gauche. Elle chante : « Emmanuel Macron, si tu continues, il va faire tout noir chez toi. » Elle chante toujours ce cri de ralliement de la CGT Mines-Énergie. « C'est un chant qui est déterminant dans la mobilisation. Dans les grandes mobilisations sociales, il y a toujours des colonnes vertébrales. Là, c'est le secteur de l'énergie, raconte Sophie Binet, peu après, dans son bureau de secrétaire générale, qu'elle a commencé à décorer et mettre à son goût. Donc, pour moi, c'était une évidence de lancer ce chant pour rassembler la CGT, rassembler le congrès et montrer notre détermination dans la mobilisation, notre détermination à gagner. » Ce qui est une évidence aussi dès son premier discours, c'est de dire qu'avec elle, l'intersyndicale va continuer. Elle ne va pas rompre l'unité. Ce qui n'est pas une évidence, en revanche, c'est de rendre hommage à Philippe Martinez. Le congrès a été violent. Elle est là pour tourner la page. Passer à autre chose. Changer la CGT. Pas pour lui dire merci ni même au revoir. Elle dit juste qu'elle n'a pas de moustaches et qu'il a voulu passer la main à une femme. Service minimum. Le militantisme n'est pas toujours la convivialité.

La vie de Sophie Binet vient de basculer. L'arrivée d'une femme dans ce monde trop longtemps masculin est saluée partout. Elle n'a pas le temps de réaliser. Elle a un mouvement à diriger. Avec Laurent Berger qu'elle n'a croisé que quelques fois. Elle « saute dans le grand bain ». Du jour au lendemain. « C'est un peu comme si je me trouvais dans une énorme machine à laver – sur le programme long, je précise –, et donc ça tourne, ça tourne et je peine à trouver le temps d'avoir la tête hors de l'eau pour respirer », se souvient-elle un mois plus tard, quand elle a commencé à « retrouver une vie un peu normale, un sommeil un peu normal, une alimentation un peu normale ». Ce premier week-end, elle est en apnée. Totale. Elle reçoit « huit cent cinquante SMS, cinq cents messages Whatsapp, mille messages Signal, cinq cents mails ». Au début, elle répond aux gentils textos qu'elle reçoit, puis comprend qu'elle ne s'en sortira pas. Elle met juste des « j'aime ». « Ça m'a simplifié la vie », sourit-elle. Parmi tous les textos reçus, un « SMS de la Première ministre de félicitations. C'était le vendredi ou le samedi », elle ne s'en souvient plus. Rien d'Emmanuel Macron. « Je n'ai pas reçu de message du président de la République », révèle-t-elle. « Enfin, pas à ma connaissance. C'est vrai que j'en ai reçu tellement, peut-être que je l'ai loupé. Mais en tout cas, celui-là, je ne l'ai pas vu passer. » Du Sophie Binet tout craché. Le dimanche 2 avril, à 11 heures, elle reçoit un message de Matignon. « La Première ministre souhaite avoir un échange avec vous à 18 heures. » Élisabeth Borne veut lui parler. Elle a invité l'intersyndicale à discuter mercredi. Elle aimerait découvrir la nouvelle patronne de la CGT un peu avant, comprendre si elle viendra, ce qu'elle attend de cette rencontre. « C'était dimanche, j'étais épuisée, j'étais seule avec mon fils », se souvient Sophie Binet. « Donc, j'ai dit : "Non, impossible. Je ne suis pas disponible." » Elle n'a surtout pas envie d'être prise au piège. Elle vient de débarquer. Elle ne veut pas se mettre en porte-à-faux avec son orga, s'embrouiller avec l'intersyndicale. Elle ne veut pas que le pouvoir puisse dire : « Nous avons des contacts avec la CGT. » « Je ne suis pas un lapereau de trois semaines. Donc je n'ai pas saisi cette perche-là qui aurait été dangereuse pour l'intersyndicale, pour la CGT et pour la mobilisation. » Elle ne discutera avec la Première ministre que dans quelques jours. Avec Laurent Berger et tous les autres. Dans une chorégraphie qu'ils auront imaginée ensemble.

Ce samedi 1er avril, Laurent Berger appelle Philippe Martinez. Il veut prendre de ses nouvelles. Le congrès vient de se terminer. Violemment. Ce n'est pas n'importe quel jour. « C'est son anniversaire. Et puis, c'est hyper dur ce qu'il lui arrive. Tu donnes huit ans de ta vie pour une orga, tu te défonces et tu pars sans même qu'on te dise au revoir. C'est violent. » Le lundi matin, Philippe Martinez est chez Renault. Quelques anciens collègues sont encore là. Les copains du syndicat aussi. Les nouveaux salariés viennent lui dire bonjour. Les gens sont sympas avec lui. Ça lui fait du bien après le choc du départ. Sans adieu. Comme s'il n'avait pas été leur dirigeant pendant huit ans. Comme s'il était déjà rayé des mémoires. C'est difficile à vivre. Très difficile à vivre. Le boulot permet de penser à autre chose. Martinez est curieux. Renault a changé, subi de nombreuses réorganisations. Le télétravail s'est développé. Alors Martinez apprend, comprend encore mieux la réalité du travail. Son copain est toujours là. Il sera toujours là. « Laurent est l'un de ceux à qui j'envoie le plus de SMS, c'est assez drôle quand même », se marre, quelques semaines plus tard, celui qui est désormais l'ancien patron de la CGT. Ils discutent régulièrement. Les amis sont là dans les moments difficiles. « Pour Philippe, c'est dur. Il n'y a même pas eu un pot de départ. On ne va pas se plaindre. On en parlait l'autre jour, raconte Laurent Berger. Tout le monde sait que nos vies sont consacrées à nos mandats de 7 heures à minuit. On a beau être avec des amis… il y a un coup de fil, on décroche. C'est des vies de merde en fait. Non, pas des vies de merde, mais des vies dures, compliquées. Il faut des moments de passage. Philippe, on n'est pas loin de l'effacer de la photo. Ces pratiques-là, quand même… » Nul besoin de terminer sa phrase. Tout est dit.

18

Se voir. Se parler. Enfin ?

Onze semaines. Onze semaines de conflit, de manifestations monstres. Onze semaines de crise, de colère. Onze semaines d'un pouvoir sourd. Ce non-dialogue entre l'exécutif et les syndicats est inédit. « Anachronique, enfonce Laurent Berger. C'est totalement dingue. J'étais dans l'équipe de François Chérèque en 2010, quand il y a eu le conflit sur les retraites. Il y avait des contacts, des discussions, il y avait des rencontres. Là, il n'y en a pas eu. Ce n'est pas normal. On ne va pas se raconter d'histoires. On va voir la Première ministre, mais, le 5 avril, c'est un peu tard. Ça me désole qu'il n'y ait aucune écoute de la démocratie sociale, aucune écoute d'un mouvement social si puissant. » Ils vont la voir. Ils vont lui parler. Enfin. Élisabeth Borne a pris soin d'appeler Laurent Berger le week-end qui précède la rencontre. Ces deux-là se respectent. Ce pouvoir fatigue Laurent

Berger. Mais il fait le job. Toujours. Il ne lâche jamais. Avec la Première ministre, « c'est plus réglo. On peut se parler. Elle est totalement étanche. Elle ne trahit aucune parole, elle ». Elle et pas le Président. Pas le ministre du Travail. Alors, quand Élisabeth Borne l'appelle, Laurent Berger décroche. Elle avait besoin de discuter. Comprendre son état d'esprit. Elle joue gros. Elle n'a pas envie que la première réunion avec l'intersyndicale tourne au fiasco, qu'ils lui claquent la porte au nez en cinq minutes. La dernière fois qu'ils se sont vus, c'était le 3 janvier. Une éternité. Depuis, c'est simple, le patron du premier syndicat de France n'a vu ni la Première ministre, ni le ministre du Travail, ni le Président. Aucun. Jamais. Il a bien échangé quelques textos avec Olivier Dussopt mais rien de plus. Parfois, il n'a même pas répondu. « Je ne vais pas vous le cacher. Je ne réponds pas quand on me siffle. » Ce cinéma le fatigue. S'ils veulent lui parler, qu'ils arrêtent de lui taper dessus, qu'ils saisissent les perches qu'il leur tend. Ce matin du 3 avril, on demande à Olivier Dussopt s'il a vu Laurent Berger ou d'autres dirigeants syndicaux depuis le début du mouvement. On dit bien « vu ». Volontairement. Le ministre du Travail répond : « J'ai un principe, quand c'est informel, c'est informel. Je ne ferai jamais la liste, l'état des lieux des contacts que j'ai eus avec tel ou tel pendant cette période. Si on veut qu'un échange informel permette d'avancer, il faut lui garder une certaine discrétion. » Dire :

« Non, je ne les ai pas vus », était simple. Pourquoi le ministre du Travail laisse-t-il entendre qu'il a vu Berger ou d'autres leaders syndicaux depuis trois mois ? Le démenti du syndicaliste est cinglant : « Je n'ai jamais rencontré ni le Président, ni la Première ministre, ni le ministre du Travail depuis le 3 janvier. Je n'ai jamais été reçu, je peux vous le dire, agenda à l'appui. Quelqu'un qui dirait l'inverse, qu'il me dise la date et l'heure à laquelle on se serait rencontrés. Je suis curieux de le voir. » Ce pouvoir l'épuise. Tellement. Il connaît Olivier Dussopt depuis longtemps. Il l'a connu quand il était député socialiste, membre de l'aile gauche du PS, hostile à la retraite à soixante-deux ans. Puis ministre d'Emmanuel Macron, défenseur de la retraite à soixante-quatre ans. « Vous savez, c'est l'hérétique qui se convertit. Quand il est converti, il coupe la main de tous les autres hérétiques, ou la tête. Ou il les pend. Ou il les brûle. Parce qu'ils ne sont pas assez purs. » *Du mépris à la colère*. C'est le titre qu'il a choisi, il y a plusieurs semaines, pour son livre sur le travail, dont il corrige les épreuves. Du mépris à la colère, c'est le parfait résumé de ses relations avec le pouvoir depuis quelques mois.

Sophie Binet, elle, ne connaît pas encore ce pouvoir. Elle va le découvrir. À Matignon. Directement. Au milieu de l'intersyndicale. Une grande première. Elle s'y est préparée. Elle a une longue carrière militante derrière elle. Elle était à l'Unef pendant le conflit du contrat première embauche en 2006. Elle dirigeait l'UGICT, les cadres de la CGT. Le ministre du Travail ne l'a pas encore rencontrée comme patronne de la CGT. La connaît-il ? « Je la connais peu. Nous nous sommes croisés dans des engagements anciens, puisque nous étions tous les deux au Parti socialiste, rappelle Olivier Dussopt. Nous avons tous les deux, je crois, signé la même motion en 2012 [celle de Martine Aubry]. Mais dire que je la connais serait mentir. Je sais que c'est une femme extrêmement intelligente, qui connaît parfaitement ses dossiers et qui, me dit-on, n'est pas facile dans la négociation. » Sophie Binet a-t-elle les mêmes souvenirs qu'Olivier Dussopt ? « Ah bon ? Je ne m'en souviens pas. J'ai été adhérente du PS de 2008 à 2013. J'étais dans le courant de la gauche du PS avec Henri Emmanuelli, Benoît Hamon. Il me semble qu'il était, à l'époque, dans ce courant, mais je pense que je ne lui ai jamais parlé personnellement. On n'était pas du tout du même territoire. Je n'ai jamais eu de responsabilité. » Elle sent le piège. Elle se méfie du pouvoir. Ajoute, pour déminer : « Je n'ai pas son téléphone, par exemple. Je ne sais pas s'il m'a envoyé un message de félicitations. Je ne m'en souviens plus. Mais je n'ai aucun rapport personnel avec lui. » Aucun rapport personnel avec le ministre. Avec le pouvoir. Avec la macronie. Elle est une opposante. Une vraie. Une dure. Elle vient d'arriver. Le combat continue. Il va se jouer en intersyndicale. À Matignon.

Les leaders syndicaux ont tout préparé ensemble, la veille, à la CFDT. Leur arrivée ensemble devant les caméras dans la cour. Le déroulé de la réunion aussi. Ils parleront à tour de rôle. Dans l'ordre de leur représentativité. Chacun terminera par cette même question : « Madame la Première ministre, êtes-vous prête à retirer cette réforme ? » C'est une idée de Laurent Berger. Le leader de la CFDT est logiquement le premier à parler. Ses mots sont écrits. Il redit son opposition à la réforme des retraites, la force du mouvement social, le ressentiment que la surdité du pouvoir va engendrer. Sophie Binet prend ensuite la parole. Elle ne lit pas. « Vous voyez l'état du pays. Si vous maintenez votre passage en force, le quinquennat ne va pas bien se finir », lance-t-elle à Élisabeth Borne. « J'ai fini en lui disant qu'elle n'était ni une exécutante du président de la République, ni un fusible, qu'elle avait des responsabilités devant le pays, les syndicats, et que nous l'appelions à dire : “Moi, en tant que Première ministre, je vois qu'il ne faut pas faire cette réforme des retraites, parce que ça met le pays à feu et à sang” », raconte Sophie Binet. Comme les sept autres, elle pose la question prévue. Élisabeth Borne ne répond pas « non » à chacun. Ils discutent un peu. Puis Laurent Berger – comme tous les leaders syndicaux le lui avaient demandé – met fin à la réunion. « Il n'y a pas eu de claquage de porte. Ça s'est fait de façon civile et au bout de cinquante-cinq minutes, se souvient-il. Je n'aime pas les coups d'éclat et on n'est pas dans la com'. » Ils se lèvent et partent. Tous ensemble. La presse attend leur réaction. Deux mots de Laurent Berger vont faire sortir Emmanuel Macron de ses gonds.

19

Macron règle ses comptes

Un mouvement social ignoré. Une opinion publique inécoutée. Un Parlement contourné. Une défiance généralisée. Une démocratie sociale bafouée. Un ressentiment social inégalé. Aucun compromis acté. Une colère qu'il voit monter. Pour lui, ces symptômes convergent. Il le devine. Il le voit. Il l'entend. Depuis des mois. Il est sensible. Il a besoin de ressentir avant de formuler. C'est sa façon d'être. De penser. Il n'avait pas planifié sa sortie. Pas prémédité, mais pensé. « Je le fais de façon réfléchie. En général, quand je parle, j'essaie de le faire de façon réfléchie et parce que je le ressens comme ça », se souvient Laurent Berger. « On est en train de vivre une grave crise démocratique », affirme-t-il en sortant du rendez-vous avec Élisabeth Borne. Il ne voit vraiment pas quelle autre expression il aurait pu utiliser. « C'est quoi, la démocratie ? C'est la capacité à régler, en son sein, au sein d'une société, les conflits et les intérêts divergents qui la traversent. Et cela ne s'est réglé ni par le fait majoritaire – le 49.3 n'est pas le vote de la réforme –, ni par un compromis avec les acteurs sociaux. » L'état de la démocratie française l'inquiète depuis longtemps. Il cherche à la réparer. À l'apaiser. Le secrétaire général de la CFDT ne dit pas qu'on n'est pas ou plus en démocratie. Il ne parle pas d'autoritarisme. Il ne dit pas que la Constitution n'a pas été respectée. Pour lui – comme pour beaucoup d'autres –, la crise sociale est devenue une crise démocratique. Rien de révolutionnaire dans ce constat. Du bon sens plutôt.

Emmanuel Macron, lui, est en voyage officiel en Chine. Il rencontre des journalistes. Il parle de la situation internationale, de l'Ukraine, de Biden, de ce qu'il attend de sa visite. Et au bout de plus de vingt minutes, une journaliste l'interroge sur l'embrasement en France et sur les propos de Laurent Berger. « Ça, c'est un caractère *off*. Je ne suis pas cité sur ce que je vais dire là, précise d'emblée le Président. Mais je l'assume. Je ne veux pas avoir de citations depuis Pékin. » Il assume. Mais ne veut pas qu'on le reconnaisse. Il faut donc faire comme si « l'entourage du Président » s'exprimait. Le chef de l'État commence : « D'abord je pense que les mots ont un sens, si on les galvaude, on fait monter les extrêmes. » Premier tacle. « Qu'un président élu, avec une majorité élue, certes relative, cherche à mener un projet qui a été mené démocratiquement, ça ne s'appelle pas une crise démocratique. » Même en Chine, Macron s'en prend à Berger. « Quand on ne fait pas ce sur quoi on a été élu, on peut dire qu'il y a un malaise démocratique, c'est déjà arrivé que j'aie eu des prédécesseurs élus sur la fracture sociale qui, six mois après, décident de faire la réforme des retraites. C'est pas la configuration à laquelle on assiste. Et donc il y a eu un processus démocratique. » Toujours le même argument. Mais pour la première fois, Macron va plus loin. « Si les gens voulaient la retraite à soixante ans, c'est pas moi qu'il fallait élire président de la République ou mettre en tête du premier tour. Et qu'on n'aille pas me parler du deuxième tour, parce que ça a toujours été le cas d'avoir au deuxième tour des gens… » Il ne finit pas sa phrase et continue : « Au premier tour, on choisit, au deuxième tour, ben, on élimine le candidat. Aussi vieux que l'élection présidentielle. » Une journaliste essaie de le relancer. Il hausse le ton : « Non, mais pardon, les gens qui ont voté pour le général de Gaulle en 1965, ils voulaient éliminer François Mitterrand qui était le diable. » Il est de Gaulle. Le Pen est Mitterrand. Ceux qui ont fait barrage à l'extrême droite apprécieront. « C'est aussi vrai que l'élection présidentielle. La vérité, c'est qu'il y a 28 % des Français qui ont mis le projet que je portais en tête au premier tour, plus que cinq ans avant. Donc, si c'était affreux pour eux, ils ne l'auraient pas fait. » « Pourquoi avoir dit que ça vous obligeait, alors ? » demande un journaliste. « Ben, parce que ça oblige. » À quoi ? On n'est pas sûr d'avoir compris. Macron continue. Avec une cible, Laurent Berger et la CFDT. Encore. « Donc les mots ont un sens, on ne peut pas parler de crise démocratique quand le projet a été expliqué, validé, assumé. On ne s'est pas caché derrière son petit doigt [...]. La vérité, c'est qu'il n'y a aucune force sociale ou politique d'opposition qui a voulu rentrer dans un compromis et porter un autre projet. Ça, c'est une vérité qu'il faut regarder en face. » Si quelqu'un avait un doute, il assume : « Et pour la première fois de son histoire contemporaine, la CFDT que vous avez citée n'a pas proposé un autre projet, ni même l'accélération ou l'augmentation de la durée de cotisation. Elle a voté contre à son congrès. Donc la réponse, c'était "rien". » Les mêmes mensonges. Répétés. Amplifiés. La fausse absence de contre-propositions de la CFDT. L'histoire de son congrès. Quant à jouer sur la durée de cotisation, c'est lui qui n'a jamais proposé autre chose que l'âge légal. Alors que la Première ministre renouait le dialogue avec les syndicats pour la première fois depuis le début du conflit social, le Président décide, depuis la Chine, de s'en prendre au syndicaliste. La veille d'une nouvelle journée de mobilisation. Comprenne qui pourra. On repense à une phrase qu'un ancien de l'Élysée nous avait dite. « Je ne sais pas s'il a envie de s'immoler pour les retraites. » On a la réponse. Il choisit d'embraser, plutôt que d'apaiser. Il cherche le combat. C'est sa nature. Sa manière d'être. De présider.

Laurent Berger est sidéré. « Je ne comprends pas pourquoi le mec polarise sur ce que je dis, pourquoi il pète un câble sur “crise démocratique”. Il a cultivé un truc avec moi, il a un truc personnel. » Pas lui. Il n’est pas Cyrano. Il abdiquerait bien l’honneur d’être une cible. Pour lui, ce n’est pas un honneur. « Qu’il polarise une nouvelle fois sur moi et sur la CFDT, je suis un peu abasourdi. Je ne suis pas touché, vexé ou je ne sais quoi. Je me dis que décidément, il y a un problème. » Il a beau le connaître par cœur, il ne comprend pas. Il est raisonnable, rationnel. Il n’est pas psychanalyste. « Je trouve ça idiot, en fait, pour être franc. Je trouve ça contre-productif, parce qu’à un moment donné, il y aura besoin de rediscuter et donc se payer assez brutalement, assez bêtement, la première organisation syndicale de France, ce n’est pas le meilleur gage pour l’avenir. Je me dis qu’il y a une perte de nerfs, une perte de maîtrise. » En sortant de Matignon, Sophie Binet a parlé de « radicalisation du pouvoir ». Le Président n’a pas réagi. Elle n’est pas sa cible. Le lendemain, dans le carré de tête, elle confie à Laurent Berger : « Pourtant, c’est une évidence qu’il y a une crise démocratique. – Tu veux dire que ce que j’ai dit est banal ? s’est amusé le leader de la CFDT. – Oui, c’est tellement évident que ça en devient effectivement banal. » Banal pour eux. Un affront pour le Président. Quand il remonte les cortèges de la CFDT, ce jour-là, les militants et les simples badauds qui le reconnaissent lui disent tous :

« Merci », « Bravo », « Je te /vous félicite », « On est derrière toi », « Continuez », « Lâche rien », « T'es parfait », « T'es le meilleur. » Lui leur dit « merci » et à chaque fois qu'il s'avance vers un militant qu'il connaît – et ils sont nombreux : « Salut, ça va ? » Quand l'un d'eux lui glisse : « Faut pas laisser tomber », il rétorque : « Vous non plus. Je ne sais pas si on gagnera, mais on ira jusqu'au bout. » Quand un homme lui lance : « T'es la bête noire de Macron », il sourit. Quand un autre l'interroge : « Ça va ? », il avoue : « Un peu marre. Faut tenir. » Il tient. Il n'est jamais découragé. Parfois fatigué. Ses journées sont longues, éreintantes. Il dirige ce mouvement depuis des mois. Le Président ne bouge pas. Et, quand il parle, c'est pour lui taper dessus.

Emmanuel Macron n'entend pas la colère des opposants. Ou du moins, ne l'écoute pas. N'y répond pas. Cette surdité du pouvoir laissera des traces. Ils le savent tous. « Il ne comprend pas les aspirations du peuple français. Comme il ne les comprend pas et qu'il a le caractère qu'il a, il a réussi à créer de véritables relations toxiques avec les Français », analyse Marine Le Pen. Toxique. Le mot est lâché. Elle continue : « C'est comme dans un couple. On en connaît tous, des couples qui ont une relation toxique. Ils passent leur vie à s'humilier, ils s'humilient l'un l'autre en public, ils prennent semble-t-il plaisir à rabaisser l'autre. La relation d'Emmanuel Macron aux

Français est de cette nature. » Les sorties possibles de cette crise sociale et démocratique se ferment petit à petit. Le Conseil constitutionnel valide la loi. Et censure le RIP (référendum d'initiative partagée). *Exit* la voie de la sagesse. « L'affaire de la retraite à soixante-quatre ans, c'est un cours d'instruction civique contre la Cinquième République. Toutes les procédures de brutalisation ont été employées les unes après les autres. Et à la fin, vous avez une loi votée par personne », analyse Jean-Luc Mélenchon. Le Conseil constitutionnel ? « Encore une séance d'instruction civique. S'ils avaient annulé la loi, ils auraient validé l'esprit de la Constitution d'une manière qui aurait posé problème à des gens comme moi qui sont contre. On aurait dit : "Dis donc, Mélenchon, ce n'est pas si terrible que ce que tu racontes. Quand ça va trop loin, regarde, une instance arrête tout." Mais ça ne s'est pas produit. » La défiance dans les institutions sort renforcée de cette bataille des retraites. Et l'image du Président, véritablement abîmée. Après la décision des Sages, l'intersyndicale lui demande solennellement de ne pas promulguer la loi. Il la promulgue quelques heures plus tard. Ultime provocation. Laurent Berger le découvre, le lendemain matin, en se réveillant. « Pour avoir eu des fins de non-recevoir à chaque fois que j'ai tendu la main, je savais qu'une fois la décision du Conseil constitutionnel rendue, il n'y avait pas grand-chose à attendre du président de la République. » Pas grand-chose à attendre. Jamais de bonne surprise. « Il se trompe sur ce qu'il se passe. Ce n'est pas une flambée sociale qui va retomber une fois que le match sera joué. Cette promulgation ultra-rapide est vue comme une nouvelle marque de mépris. Je ne suis pas surpris. La pratique du Président, c'est de passer vite, de passer en force. ». Sophie Binet partage ce sentiment. « Depuis le début du mouvement, à chaque fois qu'on a essayé d'ouvrir des portes, le pouvoir s'est empressé de les refermer, observe la secrétaire générale de la CGT. Cet épisode de la promulgation dans la nuit est une nouvelle porte qu'on nous claque au nez, en s'assurant de fermer la porte à toute sortie possible ensemble. » Elle ne connaît pas encore personnellement Emmanuel Macron. Il ne la cible pas encore personnellement. Elle pense que son tour viendra. Elle n'attend rien de ce pouvoir qui, pour elle, « règle ses comptes » avec les syndicats, les manifestants. « Avec Laurent Berger, c'était un règlement de comptes personnel. » Avec la CGT, c'était un règlement de comptes politique, « de toute manière, la CGT n'aime pas Emmanuel Macron ». Pour les personnes mobilisées, « c'est toujours les mêmes bastions, avec les mêmes militants ». Avec elle, ça ne marchera pas. Elle ne va rien laisser passer. Elle ne va pas lâcher ce président. Il croit que ses mots sont magiques. Qu'ils suffisent toujours. Alors, le 17 avril, depuis l'Élysée, il parle à son peuple. Il promet « cent jours d'apaisement et d'action ». Sophie Binet est sur le plateau de LCI. Elle reçoit un

SMS d'« un camarade de la CGT » : « Ça aurait pu être ChatGPT. » « J'ai trouvé que c'était tellement juste que je l'ai immédiatement repris. » La formule fait mouche. Celle d'Emmanuel Macron lui déplaît. « Les cent jours, c'est une référence napoléonienne. Il s'était déjà comparé à Jupiter. Là qu'il se compare à l'Empereur, c'est en soi un problème, martèle-t-elle. Et puis, je me suis rappelé ce que j'avais appris à l'école. Les Cent-Jours, ça se finit à Sainte-Hélène. C'est quand même pas très heureux comme formule, il faut peut-être changer de communicant à l'Élysée. » Ce soir-là, pendant que le Président parle, les sons des casseroles résonnent pour la première fois. Elles accompagneront tous les déplacements d'Emmanuel Macron et de ses ministres. Deviendront le symbole d'une colère que le pouvoir ne veut pas entendre. Jean-Luc Mélenchon aime observer les révolutions citoyennes dans le monde entier. Il n'en revient pas. « On ne lui a rien demandé, mais il dit : "Voilà, je donne cent jours d'apaisement." Aussitôt commence un compte à rebours. Premier jour de l'apaisement ? Cent manifestations. Deuxième jour de l'apaisement ? Le Président est resté dans le noir dans un collège. Ça apaise quoi ? Tout le monde rit. Ce peuple est farceur. » Les Cent-Jours de Napoléon ont mal fini. Tout le monde le sait. L'apothéose ravit l'admirateur de la Grande Révolution. « C'est le 14-Juillet. C'est la Bastille, tout le roman français contre l'arbitraire. »

Le mouvement va bientôt finir. Les syndicats préparent le 1er mai. Laurent Berger connaît Emmanuel Macron depuis longtemps. Trop longtemps. Leurs confrontations ont été nombreuses. Trop nombreuses. Idéologiques. Jamais personnelles. Jusqu'à cette bataille des retraites. À cause de Macron, comme chantaient les Rosies dans les manifs de 2019. Le Président a voulu régler des comptes avec le syndicaliste. Ces mois de conflit social ont-ils changé son regard sur le chef de l'État ? « Non. Pas vraiment. C'est plutôt la confirmation ultime d'un impensé de la démocratie sociale, d'une pratique verticale du pouvoir. » Ce président qu'il connaît tant n'a jamais voulu discuter. N'a jamais dévié. Qu'est-ce que ça dit de lui ? Le patron de la CFDT aime les expressions populaires, les références communes. Alors, forcément, il sourit : « Il n'est pire sourd que celui qui ne veut pas entendre. » Elle n'a qu'une connaissance théorique de lui. Elle est marquée par sa surdité. On demande à Sophie Binet de faire le portrait d'Emmanuel Macron. « Il est autoritaire. Le monarque républicain, ça lui va bien. » On demande à Laurent Berger de faire le portrait d'Emmanuel Macron. « Solitaire et sûr de lui. Or, l'exercice du pouvoir dans une société en pleine transformation nécessite du collectif, de la co-construction et de la créativité. Il est jeune, mais vieux pour répondre aux défis du monde actuel. » Les mots sont sans appel. Ils ne pouvaient pas s'entendre.

20

Et si c'était elle ?

C'est un froid matin d'hiver. Le mouvement social se cherche encore. Deux journées de mobilisation ont déjà eu lieu. Elles ont rassemblé des millions de gens. C'est festif, joyeux, drôle, déterminé. Mais le pouvoir reste sourd. Alors faut-il passer à autre chose ? Sur le parvis de la gare de l'Est, une vingtaine de cheminots se retrouvent. C'est leur troisième journée de grève. Ils voient bien qu'autour d'eux, ça hésite. Les conflits longs – et parfois perdants –, ils connaissent, ils ont beaucoup donné. Ont-ils envie de recommencer ? Peuvent-ils seulement perdre des journées de salaire, alors qu'ils peinent à payer les loyers, la nourriture, l'électricité ? L'assemblée générale commence. Patrick Belhadj, le leader de la CGT Cheminots Paris-Est, motive les troupes, défend l'intersyndicale, ses choix de journées de manifestations à répétition. Certains sont sceptiques. « Pourquoi faire confiance à Laurent Berger ? » ; « Il va trahir. » L'extrême gauche a toujours les mêmes réflexes, les mêmes *a priori*. Soudain, Karim El Matoussi, militant de Sud-Rail, s'avance près de la sono. « Je vous le dis, notez-le tous. On est le 7 février. Si la réforme des retraites n'est pas retirée, la prochaine présidente de la République s'appellera Marine Le Pen. »

C'est une des phrases qu'on a le plus entendues dans les cortèges contre les soixante-quatre ans. Comme si le président élu et réélu pour faire barrage au RN contribuait à le faire monter. Vertigineux. Ce mépris, ce ressentiment social, cette colère sans débouchés nourrissent l'extrême droite. Tout le monde le sait. Ces derniers mois, toutes les enquêtes d'opinion ont constaté une hausse des intentions de vote en faveur de Marine Le Pen ou de son parti. Ce sont des sondages, des photographies à un instant *T*, pas des prédictions. Rien ne dit que cela finira vraiment ainsi en 2027. Mais ce sont des indicateurs. Des alertes pour les opposants à l'extrême droite. Le 20 mars, l'Ifop donne sept points de hausse au RN en cas de nouvelles élections législatives. Deux sondages, l'un fait par l'Ifop, l'autre par Elabe, en avril, indiquent que Marine Le Pen recueillerait entre 31 et 36 % des voix au premier tour, si l'élection présidentielle avait lieu maintenant. Elabe la donne même élue présidente avec 55 % des suffrages face à Emmanuel Macron. On en est donc là. Des millions de gens dans la rue. Un président sourd. Et l'extrême droite aux portes du pouvoir. Laurent Berger ne peut s'y résigner. « La lecture qui consiste à dire : "Marine Le Pen va gagner" est paresseuse. Je crois que c'est ce qui risque d'arriver, mais croire que ça se gérera dans la dernière année, entre 2026 et 2027, est une grosse bêtise. » Pour lui, « c'est maintenant que ça se joue. Dans les idées qui infusent. Dans ce sentiment de respectabilité qu'elle essaie de construire dans cette soi-disant prise en compte des réalités sociales qu'elle ignore et méprise ». Il l'avoue : « Oui, je crois que ce conflit des retraites a accentué le ressentiment social, a accentué la défiance dans les institutions avec un Parlement qui a été écorné dans ses prérogatives. Ça profite à Mme Le Pen. » Il n'occulte pas la réalité. Mais en opposant résolu, il attaque aussitôt : « Est-ce qu'elle saura le faire fructifier ? Je n'en sais rien, car elle est médiocre. » Il n'abandonnera jamais ce combat. Il sait que ce sera dur. « Si aucune force ne se réapproprie les questions du travail, du délaissement dans certaines zones périphériques, on va le payer très cher. Et ça risque d'être Mme Le Pen, oui. » C'est dit.

On raconte l'AG de la gare de l'Est et la prédiction de Karim El Matoussi à Philippe Martinez. Il acquiesce. Le mouvement n'était pas encore fini, mais le pouvoir s'arc-boutait sur les soixante-quatre ans. « Si l'exécutif et le président de la République continuent comme ça, je suis convaincu plus que jamais que le prochain président de la République peut être en tout cas quelqu'un du Rassemblement national. C'est évident », analyse celui qui n'a de cesse de combattre ce parti, ses idées. Celui qui a appelé à battre sa candidate. Il dirige un mouvement social incroyable depuis des mois. Mais il se heurte à un mur. Lucide, il liste : « L'abstention va augmenter. Elle est déjà forte, mais elle va augmenter. Et puis, on va retrouver ce que disent déjà beaucoup de ceux que je croise : "On n'a jamais essayé." Il faut le dire, le groupe parlementaire RN a été plutôt discret. Il cherche sa légitimité. Il faut avouer que le gouvernement, et donc le Président, les aide beaucoup. » Olivier Dussopt a confié au *Monde* que Marine Le Pen « a été bien plus républicaine que beaucoup d'autres » dans le débat parlementaire. Marine Le Pen « plus républicaine » que la gauche, que les Insoumis ? Les mots cinglent. Étape suprême de la « banalisation ». Accomplissement d'une longue stratégie. Ces mots provoquent la colère du patron de la CGT. « On tombe de sa chaise. » Il poursuit son accusation : « De toute façon, Macron n'a plus d'enjeu. C'est son dernier mandat. Il reviendra peut-être plus tard, mais pour l'instant, c'est son dernier mandat. Donc sa stratégie, c'est la politique de la terre brûlée. C'est : "Après moi, le déluge." Je ne sais pas ce qu'il a comme boulot en perspective, mais il veut démontrer : "Quand je décide quelque chose, je vais jusqu'au bout." Ce qu'il se passera après, il s'en fout. Donc, il s'en fout des citoyens, il s'en fout de la France. » Celle qui lui a succédé à la tête de la CGT n'est pas plus tendre avec Emmanuel Macron. « Il n'a pas été élu pour faire cette réforme, il a été élu pour faire barrage au Rassemblement national. Il l'a dit : "Ce vote m'oblige." Il piétine son mandat et son message, accuse Sophie Binet. C'est une trahison profonde. Il crée un boulevard pour l'extrême droite. La responsabilité d'Emmanuel Macron dans cette situation est écrasante. » Avec elle aussi, la CGT sera contre Marine Le Pen. « La CGT dira toujours qu'il n'y a pas pire ennemi que le Rassemblement national. » Elle se met d'elle-même dans l'hypothèse purement théorique, puisqu'il ne peut pas se représenter, d'un nouveau second tour Macron/Le Pen : « Quel que soit ce qu'on dirait, les salariés auraient un mal de chien à mettre un bulletin de vote Emmanuel Macron dans l'urne, après ce qu'il a fait. » La bataille des retraites aura des conséquences politiques. Les syndicalistes le savent.

Tous ne parlent que d'elle, de sa possible victoire, de son irrésistible ascension vers le pouvoir. C'est déjà une victoire. La bataille culturelle, celle du récit en tout cas, Marine Le Pen semble l'avoir gagnée. Elle a joué le calme. Ferme dans son opposition à la réforme des retraites, et sage sur son terrain de jeu, celui de l'Assemblée nationale. Elle peut même se permettre de défendre les syndicats, le dialogue social. On a demandé aux syndicalistes s'ils pensaient que ce mouvement l'avait renforcée, si elle pouvait être élue en 2027. Elle est assise dans son grand bureau de présidente de groupe. On lui pose la même question qu'à Laurent Berger et Philippe Martinez. Elle répond. Elle a l'habitude. « Le modèle que propose le Rassemblement national est dans toute une série de domaines validé par les faits, tout simplement. » Elle les liste. Commence par l'immigration évidemment. Elle pense que, même à gauche, ses thèses ont progressé. Elle déroule : « La financiarisation de l'économie, la concurrence déloyale, l'absence totale de régulation de la mondialisation sauvage, le fait qu'on paie de plus en plus d'impôts pour de moins en moins de services publics. » Voilà, pour Marine Le Pen, ce qui pousse des électeurs à voter pour elle. Se mettant à parler d'elle à la troisième personne, elle conclut : « Je pense qu'il y a une part de plus en plus importante des Français qui se sont extraits du procès d'intention qui est fait au Rassemblement national, de la diabolisation qui a été construite autour de lui et qui se disent : "Mais pour finir, les axes politiques qui sont portés par Marine Le Pen sont plus bénéfiques pour nous que ce qu'on a pu vivre depuis trente ans, et particulièrement dans les six dernières années." » Celle qui se prépare déjà pour la prochaine élection raconte : « Les Français que je rencontre me disent : "On compte sur vous. Il est temps que ça change. La prochaine fois, c'est la bonne. Là, il faut y arriver vraiment." » La surdité du pouvoir, son mépris des opposants à la réforme des retraites jouent pour elle.

Alors, rempart ou propulseur ? Emmanuel Macron, sa méthode, ses choix politiques, sa réforme des retraites ont-ils favorisé l'extrême droite ? La réponse de Laurent Berger lui ressemble. Elle est nuancée, mesurée. Il réfléchit, choisit les mots pour le dire. Il ne cède pas à la facilité de l'opposition frontale. Il n'est pas patron de la CFDT depuis près de onze ans pour rien. Préalable à la démonstration : ne penser qu'à travers Emmanuel Macron, tout et toujours ramener à lui est une erreur, un présupposé qui empêche de réfléchir. De la « paresse intellectuelle ». Tout ce qu'il déteste. « La gauche, la gauche sociale-démocrate, le centre droit ou la gauche la plus dure font une grosse connerie en considérant que tout est sa faute. » Il l'affronte depuis des mois, mais le syndicaliste n'accable pas le Président. Il est ainsi. Ce long conflit ne l'a pas changé. Première étape : « L'extrême droite se nourrit de la défiance dans les institutions. » Macron n'a « pas renforcé la confiance dans les institutions », mais tout n'est pas sa faute. « Aujourd'hui, la défiance dans la parole politique, notamment du premier d'entre eux, est très forte. » Affaiblissement des institutions, baisse du niveau du personnel politique, « niveau médiatique très perturbé par l'émergence de trucs un peu foireux, réseaux sociaux qui font un mal fou ». Pour Berger, les explications sont multiples. « Dire que, sur cet aspect-là, c'est lui qui a fait progresser l'extrême droite, ce n'est pas vrai. Je pense que les tweets de tel ou tel politique qui sont un peu n'importe quoi font autant de mal. » Il ne va pas se faire des amis. Mais il s'en fout. Il n'est pas là pour ça. Et bientôt, il ne sera plus là. « Le deuxième pilier sur lequel repose l'extrême droite, c'est le ressentiment social, ce sentiment d'injustice, les inégalités qui augmentent, ce sentiment de ne plus pouvoir s'en sortir, cette peur de l'avenir, ça, il l'a accentué. Il a accentué le ressentiment social. » C'est ce qu'il entend depuis des mois. Ce qui frappe tous ceux qui ont passé du temps dans les manifestations, les assemblées générales, sur les piquets de grève.

Pour enfoncer le clou, il résume : « Est-ce que l'extrême droite est sa faute ? Non. Est-ce qu'il a une part de responsabilité dans la montée de l'extrême droite aujourd'hui ? Oui. Est-ce que c'est le seul ? Non. Je pense que Mélenchon a une part de responsabilité, pour être tout à fait franc. Quand vous avez un groupe parlementaire de cette taille et que vous laissez la foire au Parlement, je pense que vous portez une part de responsabilité parce qu'en miroir, ça donne le sentiment que l'extrême droite serait respectable. »

Tout n'est pas la faute de Macron. C'est ce qu'il pense profondément. Ce qu'il est aussi. La nuance est sa manière d'être. Il n'est pas complètement fait pour cette époque. À son âge, il ne va pas changer. « On a tous une part de responsabilité, quand on ne manie pas la nuance. L'extrême droite, c'est le royaume de l'outrance, c'est la facilité, c'est le populisme. Tous ceux qui sont tombés dedans ces derniers temps – et il n'y a pas que les extrêmes – ont une responsabilité. » Beaucoup de responsables. Et pas un unique coupable.

21

Et il s'en va…

Partir. Maintenant. Ou plutôt bientôt. Maintenant que la CFDT est la première organisation syndicale. Maintenant qu'elle vient de démontrer qu'elle peut aussi diriger la rue. Maintenant que Marylise Léon est prête, en a envie, qu'elle sera – il en est sûr – une « grande secrétaire générale de la CFDT ». Partir, surtout, après onze ans de bons et loyaux services. Quitter non pas la CFDT, le militantisme, l'engagement. C'est sa vie. C'était sa vie. Ça restera sa vie. Mais quitter le secrétariat général, la responsabilité suprême. Ne plus être l'image de ce syndicat auquel il doit tant, celui de ses parents, de ses copains, le sien. Laurent Berger a fait ce choix depuis très longtemps. Il ne veut pas s'accrocher. Ce n'est pas son style. Pas ses valeurs. Pas son « éthique personnelle ». Pas la règle implicite de la CFDT non plus, qui veut que ses dirigeants partent « après dix ans, plus ou moins deux ans ». Onze ans, c'est déjà long pour lui. Depuis que son ami François Chérèque lui a laissé les rênes, le temps a fait son œuvre. À lui de passer le relais. C'est l'histoire de la CFDT. Sa manière d'être à lui. Ses « principes ». Transmettre, passer le témoin. C'est essentiel pour lui. Partir, c'est sain. Pour lui. Pour la CFDT. Il n'a pas aimé que la CFDT, ce soit lui, surtout lui. Il trouve que cette personnalisation à outrance peut « fragiliser, faire courir un risque » à son orga. Au fond, ce départ lui ressemble. Il ne peut surprendre que ceux qui ne le connaissent pas. Ou mal. Ceux qui croient qu'il a des ambitions personnelles, qu'il a envie de politique.

Laurent Berger a choisi de partir il y a longtemps. Très longtemps. Presque un an et demi. Mais il y a eu le Covid. Puis l'élection présidentielle. Et maintenant la bataille des retraites. Le seul bon moment pour quitter une telle vie, c'est celui qu'on s'est choisi. Sa famille, ses amis étaient au courant depuis longtemps. Sa garde rapprochée aussi. Marylise Léon l'accompagne lors de tous ses rendez-vous avec le pouvoir, depuis des mois. Elle est à côté de lui dans le carré de tête de toutes les manifestations depuis le 19 janvier. Elle gère l'intersyndicale avec lui. Bref, tout était là. Si on voulait bien voir. Il lui restait juste à l'annoncer. Officiellement. Le 19 avril. Au bureau national de la CFDT d'abord. Aux salariés du siège ensuite. Puis au public à travers une interview au

Monde. Il avait prévenu quelques politiques, amis ou avec qui il s'entend bien. Bertrand Delanoë, Xavier Bertrand, Johanna Rolland, la maire de Nantes, David Samzun, celui de Saint-Nazaire, Mathieu Klein, l'édile de Nancy. « Au pouvoir, personne ne le savait. Franchement, dans n'importe quelle autre période, je le leur aurais dit. » Le conflit des retraites n'est pas une période comme les autres. Le pouvoir en général et le Président en particulier n'ont saisi aucune des mains tendues du syndicaliste. Ils l'ont attaqué. Entre eux et lui, l'histoire finit mal. Seule la Première ministre a envoyé un texto à Laurent Berger, quand elle a appris qu'il partait.

Il est pudique. Il n'aime pas se dévoiler. Mais ce saut dans le vide l'a ému. Le soir de l'annonce, il a dîné avec les membres de son équipe, ses proches, ceux qui savent la dureté de la tâche et l'ont soutenu sans faillir. Le collectif, le militantisme, c'est ce qu'il aime. Il a besoin des autres. Il n'a pas eu le temps de préparer sa nouvelle vie. Mais il a longuement pensé à cette journée du 21 juin, au moment où il s'en ira, où Marylise Léon lui succédera. « Je crois beaucoup aux rites. Pas d'un point de vue religieux. Il faut des moments de passage. » Son départ en sera un. Les militants lui diront « merci », il leur dira « merci ». La nouvelle patronne sera lancée. Ils feront la fête. Referont le monde. Se rappelleront les bons et les moins bons souvenirs. Son départ sera sympa, festif, joyeux. On a souvent parlé de ce saut dans l'inconnu, de ce vide qui fait peur. Il est tranquille. Il est toujours tranquille. « J'ai toujours réussi à préserver une vie personnelle. Dans la lessiveuse, j'ai réussi à avoir des moments avec ma famille, mes copains. Et puis, je n'ai pas changé de vie. Je circule normalement, je m'occupe de mes enfants, je vais au restau avec mes amis. » En onze ans, il a reçu des menaces de mort, des insultes. Rien ne l'a déstabilisé. « Même dans les moments les plus chauds, j'ai dit : "Le jour où je suis obligé de circuler avec deux personnes derrière moi, j'arrête." Je suis ultra-indépendant. » Il part après onze ans. Après cinq mois du plus gros conflit social depuis des décennies. Singularité du moment. Il n'aime pas parler de lui. Il n'aime pas s'analyser. Alors, quand on lui demande ce qu'il a appris sur lui de tous ces mois, il commence par une pirouette. « J'ai appris que je rêve d'une vie où je ne me lève pas tous les matins pour aller faire une matinale. » Les médias ne lui manqueront pas. Le cirque politique non plus. « J'ai aussi appris que, dans un moment de fortes tensions, je garde ma sérénité. Ça ne m'empêchait pas de dormir. Mais, je le savais déjà, rien ne m'empêche de dormir. » Il sourit. Il a dormi. Vu les siens. Lu. Écouté de la musique. Même au plus fort du mouvement. Il sait qu'il va partir depuis longtemps. Mais jamais il n'a imaginé que ce serait après un tel mouvement. Cela colore son bilan. Forcément. « J'aurais exercé toutes les palettes du syndicalisme à la CFDT, durant ce mandat. J'ai porté une critique sur le social, sur ce que vivent et subissent parfois les travailleurs, porté des propositions, des revendications qui correspondent à leurs préoccupations. Je me suis engagé dans des négociations collectives et j'ai signé des compromis. Et puis, lorsqu'on n'est pas écouté, on se mobilise fortement. » Il aura tout fait. Il en est fier. Il a de quoi. Parfois, il a encore du mal à dire « je », à ne pas se retrancher derrière le collectif. « On a fait notre boulot. On nous a fait beaucoup de procès d'intention. On était trop présent pendant le quinquennat Hollande. Puis on aurait changé. On serait devenu je ne sais pas quoi, des révolutionnaires, des pas-courageux. Je m'en contrefous, en fait. Pour être franc, ce qui m'intéresse, ce sont les salariés. Les gens retiendront ce qu'ils veulent de la CFDT de cette période. Je retiendrai qu'on est devenu la première organisation syndicale. » Une organisation syndicale qui compte, dont il est le visage. Il vient d'y passer un si long moment. Quand il se retourne sur ces années, qu'il se souvient de celui qu'il était en arrivant, il ne s'est « jamais senti en désaccord avec ses valeurs fondamentales ». Il a parfois été en désaccord avec des choix. « C'est la démocratie, le fait majoritaire ». Mais guère plus. Il n'a jamais été en porte-à-faux dans sa manière d'être. « Je crois être vraiment humaniste. Je ne me suis jamais senti en difficulté là-dessus. Le syndicalisme doit être cet espace de sociabilité et d'humanité. Je suis très fier que la CFDT soit ainsi. Parfois, on me dit que ma bienveillance est un peu gnangnan. Ici, on tranche les débats, mais en se respectant. On n'est pas obligé de s'engueuler. » Il vient de passer des années et des mois en première ligne. En dirigeant ce syndicat réformiste, il a souvent été critiqué. Cela ne l'a pas ébranlé. « Les menaces, les insultes des gauchos ou des fachos sur Twitter, ou des macronistes maintenant, je m'en fous comme de l'an quarante. Est-ce que ce que je fais est en phase avec ce que je crois ? Oui. En phase avec ce que la CFDT porte collectivement ? Oui. En phase avec l'éthique de responsabilité qui est la mienne ? Oui. Après, chacun pense ce qu'il veut. On est en démocratie. » Les jours de manif, il avait ses rituels. Une matinale, quelques heures de travail sur les dossiers au siège de la CFDT, puis la manif. Les interviews en première ligne, le carré de tête pour parler avec les autres syndicats. Puis il venait voir les militants de la CFDT. Les saluer, leur parler, chanter avec eux, poser pour des photos. Jamais il n'a dérogé à ce rite militant. « Parfois, quand je remonte les cortèges, je suis fatigué. Parfois, j'ai moins de patience quand les militants n'ont pas préparé leurs téléphones. Mais arriver en faisant la gueule, ce n'est pas possible. Parfois, je suis inquiet pour les miens, mais ce n'est pas le problème des militants. Une fois par semaine, je suis allé sur le terrain. Parfois, je partais en pleine signature d'accords, ou en plein conflit ici. Je ne le montrais pas. Je souriais tout le temps. Parce que les militants ne reçoivent le secrétaire général qu'une fois. Ce que je subis par ailleurs, ce n'est pas leur problème. Il faut s'extraire du reste et être heureux de voir les militants. » Eux vont lui manquer. Le terrain va lui manquer. La CFDT va lui manquer. Il aime son syndicat. Il en est tellement fier. « J'ai commencé à militer en tant que responsable local en 1996. Vous alliez dans une manif, vous ne pouviez pas donner un drapeau de la CFDT. Les gens n'en voulaient pas "parce que la CFDT machin, machin". Là, ils se déguisent en Casimir quoi ! Ils sont fiers de leur organisation. » La leur. La sienne. Celle dont il ne sera plus le dirigeant.

Son bureau est un peu bordélique. Des objets personnels. Des photos. Des souvenirs rapportés des voyages à l'étranger. Plein de dossiers de couleurs différentes. Des pots à crayons. Des livres s'accumulent, s'entassent. Ses carnets, eux, sont bien rangés. Dans le placard, derrière lui. Il note tout. Tout le temps. Une habitude. Une hygiène de vie. Onze ans de secrets. Parfois, quand un interlocuteur essaie de l'embrouiller, il pose sa main sur le dos du carnet. Prévient en souriant : « Tout est là. » S'il devait partir sur une île déserte, il emporterait « des livres, de la musique, un carnet et un crayon ». Il se marre : « Un carnet, je ne sais pas à quoi ça sert sur une île déserte. » On ne sait jamais. Il part. Il ne sait pas encore où. Mais pas sur une île déserte.

22

Éloge du syndicalisme

Que reste-t-il de ces beaux jours ? De ce mouvement, de ces manifs ? Des souvenirs, des images, des visages. Un sentiment de dignité. Celui d'avoir relevé la tête. La fierté de s'être battu. Une colère profonde contre le Président. Deux chiffres : 64 et 49.3. Tous les mouvements ont leur mythologie. Chacun s'insère dans l'imaginaire collectif. Quelle place aura cette bataille des retraites dans l'histoire sociale française ? On le saura dans quelques années. Mais on en devine déjà quelques aspects. On connaît déjà les héros, les figures qui ont marqué ce mouvement. Les « leaders du mouv' », comme disent les activistes. Celles et ceux qu'on appelle l'« intersyndicale ». Ce mot sera celui de ce printemps social 2023. L'« intersyndicale » a dirigé la rue. Rythmé le mouvement. Sans que les Français saisissent vraiment qui étaient les huit syndicats et les cinq organisations de jeunesse qui la composaient. Les opposants attendaient que l'« intersyndicale » donne la date de la prochaine manifestation pour cocher le jour dans leurs agendas, pour se mettre en grève, pour poser un jour de RTT, de congé, pour s'organiser pour faire garder les enfants... Partout en France, l'« intersyndicale » se déclinait en autant de visages. Nationalement, cette alliance syndicale, c'était Laurent Berger et Philippe Martinez, puis Laurent Berger et Sophie Binet. La CFDT et la CGT, les deux premières organisations syndicales, ont éclipsé toutes les autres. Berger et Martinez étaient déjà des visages connus, installés dans le paysage public depuis des années. Ce que les Français ont découvert, c'est que c'était un duo, qu'ils étaient copains, que le pouvoir n'arriverait jamais à les diviser. Ils étaient d'autant plus libres, plus sincères qu'ils étaient sur le départ. Ils étaient d'autant plus déterminés à tenir face à Emmanuel Macron qu'ils le connaissaient bien. L'histoire est malicieuse. Depuis des mois, la France crie : « Vivent les syndicats » à un président qui les croyait morts. Qui les voulait morts. Les héros, c'était eux. Celui qui était honni, c'était lui. Des dizaines de milliers de salariés ont adhéré spontanément à tous les syndicats qui ont dirigé cette bataille. Des millions de gens ont défilé derrière leurs camions, leurs banderoles, ont chanté leurs chansons, arboré leurs autocollants. Comme un air de revanche. L'histoire en marche. Une histoire sociale, syndicale. Le retour du collectif face au triomphe de l'individualisme.

Quand on demande à Philippe Martinez ce qui restera de ce mouvement, il commence par cette idée : « C'est un mouvement qui va compter. On fait souvent référence à des mouvements passés, mais là, c'est un mouvement présent. Dans six ou sept ans, on parlera des mobilisations de 2023 autant que de celles de 1995. » Un mouvement qui entrera dans l'histoire, dont on se souviendra, qu'on étudiera. « Les mouvements sociaux, les mouvements collectifs, certains disaient que c'était ringard, mais au contraire, ça a de l'avenir. Y compris la grève. » Éloge des luttes. Éloge de la grève. Qui n'est pas qu'un mythe, une photo jaunie des livres d'antan. « Certains veulent parler de la grève au passé. Eh bien, on est en 2023, dans un monde qui n'a rien à voir avec celui de 1995, sans remonter à 1968 ou 1936, parce que le monde du travail n'est plus le même, mais l'action collective est encore ce qui est le plus efficace pour se retrouver, exprimer sa colère et ses revendications. » Pour Philippe Martinez, c'est l'essentiel. La meilleure réponse au Président et à tous ceux, qui comme lui, « enterrent les mouvements sociaux ». « Macron est un spécialiste de l'individualisme, du modèle anglo-saxon, de ce “ne comptez que sur vous pour évoluer”. C'est une bonne claque qu'on lui met dans la figure. » Sophie Binet, elle aussi, est certaine que ce mouvement demeurera dans la mémoire collective. « On sait que 2023 restera parmi les grandes dates de mobilisation sociale de notre pays. Celles et ceux qui ont participé à cette mobilisation auront participé à un temps historique qui contribue à l'histoire sociale de notre pays. » Pour la nouvelle secrétaire générale de la CGT, tant que le mouvement n'est pas fini, on ne peut en faire le bilan. Mais elle admet déjà des « acquis ». « La bataille des idées est gagnée. » Elle se réjouit du regain de popularité de la retraite à soixante ans. Autre acquis : « Replacer les syndicats et la CGT au centre du jeu. C'était le pari de la start-up nation de dire : "On renvoie les syndicats au passé." Ou on a seulement besoin des syndicats dans l'entreprise. Là, les organisations syndicales jouent un rôle central dans le pays, comme on l'a joué dans les mobilisations. » Enfin, « le dernier acquis. Grâce à notre mobilisation, le gouvernement et Emmanuel Macron n'ont plus ni majorité sociale, ni majorité politique ».

Jean-Luc Mélenchon écrit sur les révolutions citoyennes depuis des années. De la Tunisie au Chili, en passant par la Bolivie, le Liban, les Gilets jaunes, il cherche les points communs, les caractéristiques des luttes, il esquisse des théories. Alors, forcément, ce mouvement des soixante-quatre ans, il l'a observé, ausculté, disséqué. Les manifs de nuit organisées par des boucles Telegram ou Signal l'ont fasciné. C'était vraiment nouveau. Ce mouvement, c'est sa passion. « Les dénominateurs communs sont en vue. Il y a l'intersyndicale. On ne sait plus d'ailleurs combien de syndicats dedans, mais c'est l'intersyndicale. Dans nombre de villes, vous avez des réunions interprofessionnelles. Dès qu'il y a des gens qui se réunissent quelque part, ils s'autoproclament interprofessionnels. Des fois, il n'y a pas de syndicat, mais bon. » Son analyse est sociale plus que politique. Déformation révolutionnaire oblige. Essayer de déceler la trace que ce conflit laissera l'intéresse. « Ce qui en restera, c'est la confiance en soi, le courage, le goût de l'unité. Et puis, le sentiment, si vous voulez, d'avoir fait quelque chose qui, d'un bout à l'autre, était juste. Parfois, ce n'est pas comme ça que ça se passe, parce que les circonstances ont changé, parce que les mots d'ordre bougent trop. »

Marine Le Pen tire un bilan strictement politique de cette bataille, à laquelle elle n'a participé qu'à l'Assemblée nationale. Les directions syndicales sont ses opposants. Résolus. La présidente du groupe parlementaire RN estime que ce mouvement laissera une « trace très importante ». Pour elle, cela ressemble au « référendum de 2005. Ça mobilise le même sentiment, le sentiment d'être floué, d'être trahi par ses élites, d'être trompé et d'être ravalé au rang d'inutilité. Ça marque un tournant, un tournant des mandats d'Emmanuel Macron. Sûrement, mais les Gilets jaunes en étaient déjà. Mais plus généralement, si vous voulez, c'est un traumatisme aussi important que celui de 2005, qui n'est toujours pas d'ailleurs réparé et qui n'est toujours pas guéri ».

Que reste-t-il de ce mouvement ? Laurent Berger égrène : « La puissance des mobilisations, la diversité géographique et professionnelle. La dignité du monde du travail. Une unité syndicale comme jamais. Une surdité du pouvoir inégalée. » Le leader de cette bataille pense aussi à ce ressentiment si fort. « Il va rester une victoire à la Pyrrhus pour faire passer une réforme pourrave avec des processus parlementaires très contestables même s'ils sont légaux. Il restera le fait de démasquer un président de la République pour ce qu'il est vraiment, c'est-à-dire un mépris à l'égard du travail et une approche technocratique des questions sociales, du travail et donc de la retraite. » Avant de partir, il esquisse une trace plus personnelle. « Il me restera des visages merveilleux. J'ai du mal à le dire – je suis assez pudique – mais quand je remonte les cortèges et que nos militants sont fiers de la CFDT, ça me touche. Il restera qu'on a installé le leadership, y compris dans la contestation. Pour moi, ça a été des moments magiques, des moments de chien aussi. Je n'ai jamais tremblé, vacillé. Je pense que le syndicalisme en sort grandi. Je ne pouvais pas rêver mieux que de transmettre la CFDT dans de telles conditions. » Il est sincère, cash. Il l'a toujours été. Alors, il avoue : « Et puis, je ne vais pas vous le cacher, une forme de fierté d'avoir tenu tête à Macron, d'avoir tenu tête. » Comme toutes celles et tous ceux qui sont descendus dans la rue, Laurent Berger est une tête dure. Un militant. Un dirigeant syndical. Un leader de mouvement. Il ne peut pas oublier que la réforme va s'appliquer, qu'elle est injuste. Alors, il ajoute : « Il restera les soixante-quatre ans, qui vont impacter des millions de gens, malheureusement. » Soixante-quatre ans, c'est non. C'est toujours non. Ce sera toujours non.

Épilogue

Il ne lui reste plus que quelques semaines à la tête de la CFDT. Il a commencé à ranger son bureau, à trier ses carnets moleskine noirs, ses livres. Depuis qu'il a annoncé qu'il partait, le Président a dit publiquement qu'il « avait du respect » pour lui, et « même de l'amitié ». Le syndicaliste, pour qui l'amitié est une valeur tellement forte, a tiqué. Non, Macron n'est pas son ami. Non, les hommes et les femmes de pouvoir ne sont pas ses amis. Ses amis sont des inconnus, des profs, des syndicalistes, des hommes et des femmes engagées, qui s'occupent des plus pauvres, des migrants, des travailleurs. Ce sont les mêmes depuis sa jeunesse, ou presque. Ses amis, justement, l'entourent depuis l'annonce de son départ. Beaucoup connaissaient évidemment sa décision et l'ont encouragé. Ce sont ses amis. Emmanuel Macron ne savait rien et ne lui a pas envoyé de texto, ne l'a pas appelé. C'est un président qui a maintenu une réforme injuste, malgré l'opposition de tous les syndicats, malgré des millions de manifestants, malgré une opinion très largement hostile. Alors Berger a dit à l'un de ses proches qui plaidait pour un grand raout social fin mai à l'Élysée : « Pourquoi venir à l'Élysée ? Il y a un gouvernement, une Première ministre. On peut discuter avec elle », ajoutant : « Si je ne vois pas le Président, d'ici au 21 juin, je vivrai très bien », le Président s'est vexé. Il a soudainement eu envie de revoir une dernière fois le syndicaliste. Caprice ultime.

La bataille des retraites dure depuis plus de quatre mois. L'affrontement entre le Président et les syndicats, CFDT en tête, est le plus long et le plus ample depuis Mai 68. C'est un affrontement politique, social, démocratique. Pas un « combat de coqs », comme le dit en souriant le syndicaliste. Macron ne croit pas aux structures, aux idéologies. Il croit que tout est relation personnelle, qu'il peut convaincre tout le monde, que ses mots, son verbe peuvent surmonter tous les désaccords. « Il croit qu'il peut retourner une montagne », s'amuse le syndicaliste. Berger est très différent. Il croit aux idées, aux valeurs, aux compromis, à la complexité. Il n'est pas obsédé par lui-même. Il est syndicaliste. Son problème n'est pas d'être aimé de ses interlocuteurs, de les aimer, mais de trouver ou non une solution à un conflit. Une ultime fois, on le fait parler d'Emmanuel Macron, de leur histoire tumultueuse. « Il n'y a pas d'inimitié personnelle. Pour une raison simple, je ne mets pas d'affect. Je ne suis pas déçu. Encore une fois, je suis un peu à part. Je ne fais pas de dîner en ville. J'ai refusé d'entrer au Siècle. Je ne vois que les gens que j'ai envie de voir. Je fais ce que je veux de ma vie en dehors du boulot. Je ne confonds pas ma vie personnelle avec ma vie professionnelle. » Bientôt, il sera libre. Vraiment libre. Emmanuel Macron sortira vraiment de sa vie. Il n'aura plus à en parler. Enfin. « J'ai toujours considéré que le mec était libéral en économie. Mais même aujourd'hui, je ne polarise pas sur lui. Il y a des journées entières où je ne pense pas à Macron. » On espère. « Je ne comprends pas pourquoi il a polarisé sur moi. » Parce que c'est Macron. Tout simplement.

Depuis leur premier café, ils se sont vus, appelés, ont échangé des textos. Berger se demande toujours ce qui motive ses interlocuteurs, ce qui les fait tenir debout. « Qu'est-ce qui anime Emmanuel Macron ? s'interroge-t-il devant nous. Je crois toujours qu'il est possible de changer le monde. C'est une forme d'utopie, de naïveté peut-être. J'ai l'impression que, pour lui, c'est rendre le monde plus *performant*. Rendre le monde plus performant, ça ne veut rien dire, si ce n'est avoir des logiques qui oublient une partie des réalités sociales. *Performant*, dans sa bouche, c'est sans doute être performant économiquement – ce qui est important –, être performant budgétairement sans doute. » Performance contre utopie. Logique budgétaire contre logique sociale. Les désaccords étaient écrits d'avance. Laurent Berger n'est jamais binaire, caricatural. Il l'admet. Il avait « de la sympathie » pour ce jeune président qui bousculait les codes, qui avait vu la faille des partis politiques. « Il ne les a pas tués, ils se sont tués tout seuls. Il a utilisé la faiblesse des partis politiques traditionnels et leur ineptie en termes de travail. Il a saisi l'instant. C'est de la tactique, un peu plus que de la stratégie. Utilisée à bon escient, ça pouvait être bien. » Ils se connaissent depuis tant d'années. Il a appelé à voter deux fois pour ce président. Ce président auquel il a résisté. Ce président qu'il vient d'affronter pendant des mois. « Je ne suis pas dans la revanche. Je ne suis pas comme ça. Je ne suis jamais dans le ressentiment personnel. J'ai un côté cash, un peu râleur parfois. Mais je ne cultive pas le ressentiment. Par tranquillité personnelle aussi. » Il ne désespère jamais de la nature humaine. Voit toujours le côté positif des choses. C'est sa nature. Son éducation. Il ne désespère pas de Macron, n'a même pas été surpris de son attitude pendant la bataille des retraites. Il y a plutôt vu la confirmation de ses intuitions. Son mépris du monde du travail, des corps intermédiaires. Sa déconnexion. Il aurait tellement aimé que l'histoire soit différente. « Encore une fois, il ne m'obsède pas du tout. Mais lui m'a mis les nerfs comme jamais d'autres. Je ne suis pas en accord avec Édouard Philippe, mais j'ai un immense respect pour ce mec. Je ne suis pas en accord avec Xavier Bertrand, mais j'ai du respect. Je ne suis pas en accord avec Gérard Larcher, j'ai du respect pour lui. Je ne suis pas d'accord avec Olivier Faure, j'ai du respect pour ce gars. Je ne suis pas en accord avec François Ruffin sur tout, j'ai du respect pour lui. » Il dresse une liste, au fil de sa pensée. On n'a même pas besoin d'y ajouter Emmanuel Macron, il le fait lui-même. « Ce n'est pas que je n'ai pas de respect pour lui – il est président de la République, je crois à la stabilité de nos institutions, je fais attention à ce que je dis – mais je crois qu'il y a plus qu'une occasion manquée. Il y a une faute. Il y a des fautes commises à l'égard de la société – pas à mon égard, je m'en fous, ça ne compte pas. Quand même, s'il nous avait écoutés, s'il avait écouté un peu la société civile… » Il n'a pas besoin de finir sa phrase. On la comprend. Tout aurait pu être différent. En historien, il sait que rien ne sert de réécrire le passé, de se lamenter sur ce qui n'a pas été fait. Il vient de passer des mois à essayer de trouver des voies de sortie, à épargner au pays de s'enflammer, à essayer de ne pas condamner les travailleurs et les travailleuses à deux ans de plus. Le Président n'a jamais dévié. Jamais reculé. Jamais bougé. Jamais reçu les syndicats. Bientôt, il n'aura plus à commenter ses moindres faits et gestes. Leurs destins ne seront plus liés. Une fois n'est pas coutume, il est pessimiste. « Il n'écoute jamais. C'est très dangereux pour les quatre années à venir. Ça peut très mal finir. »

Sa vie va basculer. Il n'a pas eu le temps de s'y préparer, d'y penser. Il vient de vivre les mois les plus intenses de son mandat, de sa vie militante. Dans la rue, dans le train, les gens l'arrêtent, lui parlent. Ça lui pèse un peu. Laurent Berger sait que ça va se calmer. Qu'il va être loin du pouvoir. « Je suis d'une sérénité à toute épreuve. J'ai fait mon job – enfin ce n'est pas un job, c'est du militantisme – avec passion, engagement. Ces gens-là ne me manqueront pas. » Il ne les verra plus, ne prendra pas de leurs nouvelles. Celui qui lui manque, dont il prend des nouvelles, qu'il aura plaisir à revoir, c'est son complice de cette bataille des retraites. Philippe Martinez est parti. Avant lui. Il est retourné chez Renault. Ils s'envoient des textos, se parlent, se chambrent. Ils vont bientôt boire un verre ensemble. Ça réjouit Laurent Berger. « J'ai de l'estime, et même plus que de l'estime, de l'amitié pour Philippe. Et j'emmerde tous les cons qui pensent que je ne devrais pas en avoir parce qu'il n'est pas sur la même ligne que moi. C'est tout. J'aime bien les gens. » Il a appris à connaître le leader de la CGT. Ils s'apprécient. « La tribune entre les deux tours, c'était courageux. Et puis, tous les deux en fin de mandat, ce qu'on a vécu depuis janvier est quelque chose qui unit. » Unis comme deux copains.

Sa nouvelle vie ? Il ne sait pas encore de quoi elle sera faite. Mais il sait déjà ce qu'elle ne sera pas. Il a refusé toutes les offres d'emploi qui nécessitaient l'aval du pouvoir. Il ne veut rien leur devoir. Il a refusé aussi tous les boulots dans les collectivités locales. Il ne veut pas être récupéré par des politiques. Il ne veut pas faire de politique. Non, il ne se lancera pas en politique. Non, il ne sera pas candidat à la présidentielle en 2027, 2032, 2037 ou je ne sais quand. Non, il ne sera pas tête de liste aux européennes. Ce monde, il le connaît bien. Il n'en a pas envie. Pas du tout. Il trouve les politiques paresseux intellectuellement. Il ne veut pas entrer dans l'ère du clash et du buzz permanents. « Moi, je n'ai pas d'ennemis, à part l'extrême droite. Je n'ai jamais eu d'ennemis. J'ai des adversaires, des concurrents. C'est pour ça que la politique ne me tente pas. Je les ai vus. La nuance n'a plus d'espace. Je n'ai pas envie de dire systématiquement à celui d'en face : "T'es nul." » Après onze années à la tête de la CFDT, après des mois de conflit social, Laurent Berger a envie de calme, de passer du temps avec les siens, de souffler, de lire, d'écouter de la musique. Si le mot n'était pas galvaudé, on dirait qu'il aspire à une vie « normale ». Son refus de la politique doit aussi se lire à cette aune. Berger tient à sa tranquillité. Il aime courir, se balader, voir ses enfants, aller au restau avec des potes, cuisiner pour ses amis, écouter des concerts, voir des matchs de foot, être avec des militants. Il a détesté être entouré d'un service d'ordre. Il sera content de retrouver un peu l'ombre. Pour rien au monde, il ne voudrait être député, ministre ou président. Il n'a pas ce grain de folie, cette mégalomanie. « Je n'en veux pas, de cette vie-là. Je n'en veux pas. Ça touche à quelque chose de profond. » Une façon d'être au monde. Il a cinquante-quatre ans. Il doit encore bosser dix ans. Il n'a pas encore trouvé de travail. Il va enseigner, peser dans le débat d'idées, faire du bénévolat dans une ou plusieurs associations. Il continuera à parler, quand ce sera utile. « Je ne vais pas aller dans une grotte. Je ne vais pas me taire. » Il a encore des choses à dire, à défendre. « Je me sens aussi utopiste que lorsque j'avais quinze ans. » Le travail, les activités, ce sera en septembre. Il va d'abord s'occuper de ses enfants, « profiter de la vie pendant deux mois », marcher, s'amuser, voir ceux qu'il aime. « Ma vie va être une vie engagée, toujours. Mais avec un boulot. Ce sera une vie plus facile. » Il est encore dans l'action. La bataille sociale n'est pas encore finie, il prépare la prochaine – dernière – manifestation. Il n'est pas encore pris par le vertige. Il quitte la scène publique, après avoir dirigé un mouvement social puissant, inédit. « Pour être franc, c'est un changement de vie, un truc monstrueux qui arrive devant moi. Je n'ai pas eu le temps de m'y préparer. Mais je ne pouvais pas rêver mieux. » Pas rêver mieux que de sortir de scène après un tel mouvement social.

Remerciements

Merci à Laurent Berger pour sa confiance absolue et sa bienveillance joyeuse.

Merci à Sophie Charnavel pour son enthousiasme immédiat.

Merci à France Télévisions et Siècle Productions qui m'ont permis de faire un documentaire sur ce mouvement incroyable.

Merci à Florent et Laurent qui ont partagé cette aventure rocambolesque.

Merci à mes ami·e·s qui m'ont tenue debout pendant ces semaines intenses.

Merci enfin à Jean-Marc, Erri et Mathis qui rendent la vie plus douce.

Table des matières

Prologue 9

LES ANNÉES HOLLANDE

Première rencontre 17
Premières confrontations 21

LES ANNÉES MACRON

L'aveu 33
Accords et désaccords 41
L'arnaque 55
Foncer dans le mur 61

LA CRISE SOCIALE

Le soulèvement 75
Deux copains 81
Un homme seul 87

La rue et la loi 91
La stratégie Mélenchon..................................... 93
La stratégie Le Pen.. 101
Le mythe de la grève générale 107

LA CRISE DÉMOCRATIQUE

Génération 49.3 117
Le « problème » Macron..................................... 129
Héros malgré lui... 139
Il part, elle arrive... 151
Se voir. Se parler. Enfin ? 159
Macron règle ses comptes.................................. 165
Et si c'était elle ?... 175
Et il s'en va… 185
Éloge du syndicalisme 193

Épilogue 201
Remerciements... 209

Imprimé en France par CPI
en juin 2023

pcacmb
édition pré-presse
livres numériques

44400 Rezé

#lisez!
engagé
www.lisez.com
Pour plus d'information :
Imprimé sur du papier issu de forêts gérées durablement.

N° d'édition : 66094/01 – N° d'impression : 175572